就算是好人，也需要打烊

雖然先想到自己，但我不抱歉

《外界的聲音只是參考，你不開心就不參考》百萬暢銷作家

@Yang's OWL 老楊的貓頭鷹 著

人生確實是一場修行，
剛開始的時候，
我們總覺得是這個世界欠修理，
後來才明白，
欠修理的其實是我們自己。

前言 你總是這樣

你長得一般般，卻有著謎一般的自信，心裡話常常是：「也不知道，這麼優秀的我，以後會便宜了誰。」

你自詡生性倔強，還有點感情潔癖，可這絲毫不影響你當個「爛好人」，偶然看見了心動的某某，恨不得把自己免費送出去。

你既不會妥善地接受別人的「好」和「好感」，也不會恰當地表達自己的「愛」與「反感」。別人說一句好話，你就高興半天；遇到一點冷淡，你就心涼半截。

你希望被人重視，又不想失去自由；你義無反顧地去愛，也被體無完膚地傷害。

漸漸地，你的心窩被螫成了馬蜂窩，再遇良人，心裡的那隻小鹿卻再也不敢撞了，像死了一樣安靜。

你能力一般般，卻有異常堅定的信念，總覺得自己有一天能一飛沖天，而且這種感覺還異常強烈。

你有情懷，認為「生活除了眼前的苟且，還有詩和遠方」，然後，你約了幾個朋友，翻山越嶺地去了「遠方」。最後，你們在風景秀麗的地方圍坐著，無聊地玩了三天手機！

你上進，覺得「一日之計在於晨」，然後，你起了個大早，醞釀好情緒，調整好燈光和坐姿。最後，你舒服地背了五分鐘的單字，然後在社交媒體上炫耀了兩個小時。

你注重內涵，相信「腹有詩書氣自華」，然後，你準備了文藝的大書架，勞心費力地挑選了精美的擺飾和大批的好書。只可惜，你讀書的進度遠遠趕不上買書的速度。

你惜時惜命，經常唸的是：「子在川上曰，逝者如斯夫，不舍晝夜。」現實中你卻是癱在沙發上喊：「躺著真舒服，不想寫作業。」

你總是這樣，一邊焦慮不安地擔心未來，一邊又大大方方地浪費生命。

你時常會懷念從前，「想得少，睡得早，喜歡笑」，可日子過著過著，不知道怎麼就突然變得潦草了。

你本想做一個可愛的、有趣的人，後來卻發現，光是為了不生氣就已經竭盡全力。

你跟著別人喊口號：「一輩子很長，要和有趣的人在一起。」可後來卻發現，有趣的人要麼是自己玩，要麼選擇了跟另一個有趣的人玩。

更無奈的是，曾經那個「化成灰」你都能認出來的人，如今化個妝，你就不認得她是誰了；以前吵完架淚眼婆娑地鬧著要絕交、第二天分一袋泡麵就能和好的人，如今卻連「再見」都沒說，就心照不宣地再也不見了。

甚至到最後，你們連是否要按對方讚都需要反覆思量。

你什麼都能理解，卻什麼都無法再相信；你笑得不再純粹，哭得也不再徹底！

你看了無數的EQ訓練書，卻依然沒什麼知心朋友；你聽了無數的笑話，卻依然沒有幽默感。

你靈魂的溫度越來越低，對軀體的自律越來越少。慢慢地，你對生活和交際失去了熱情和耐心，對喜怒哀樂都不再敏感，你的鎖骨、蝴蝶骨和尖下巴也都相繼消失。

你意識到自己正在變得挑剔，因為想去主動聯繫的人，從幾百個名單裡都找不出一個；你意識到自己正在變得沉默並且無聊，就像是一座死火山。

你既享受著這種無聊的生活帶來的安全感，同時又對它的索然無味感到絕望。

你就像一隻趴在玻璃窗上的蒼蠅，只覺得前途一片光明，卻找不到出路。你的狀態是活著，卻也喪著。

你本是個「有理想、有道德、有文化、有紀律」的四有青年，慢慢變成了「有車貸、有房貸、有肚腩、有孩子」的另類四有青年，再逐漸演變成了「沒夢想」、「沒生活」、「沒個性」、「沒喜好」的四無青年。

那麼，到底要怎樣才能愉快地和這個世界打成一片？到底要怎麼做才能活得體面並且充實呢？到底要怎樣才能不被生活奴役？

我的建議是，去讓靈魂變得熱氣騰騰起來，去注重儀式感，去變得可靠，去守住自己的初心，去保護好疲憊生活中的英雄夢想，去擁有一顆有趣的靈魂……去做一個有種、有料、有趣的人。

我所謂的「熱氣騰騰」，是允許生活偶爾不懷好意，也相信它一定會有驚喜，而不是一頭栽進人海裡，假裝和世界抱作一團。

我所謂的「儀式感」，是把那些普通的事和物，變得意義非凡；是用鄭重其事的態度，去表達內心的莊重；是讓某一天與其他的日子不同，讓某一時刻與其他時刻不同。

我所謂的「可靠」，是既懂過招，又有誠意；是既能默默付出，也能做足表面工夫；

是凡事都有交代，件件都有著落，事事都有回音。

我所謂的「初心不變」，是不會刻意為了誰而改變自己，但不會慣著自己一無是處；是去掉虛榮心、表演欲和自我感動之外，坦露出對真實自我的赤膽忠心。

我所謂的「疲憊生活中的英雄夢想」，是領教了這個世界的凶險與頑劣後，還有勇氣過「該吃吃、該喝喝，愛誰誰」的快意人生。

我所謂的「有趣的靈魂」，是懂得跟自己、生活以及世界相處；是在人人說假話的時候講真話，在人情冷漠的社會裡活得熱鬧；是在人心麻木的年代裡活得熱氣騰騰……是將這無趣的世界活成自己的遊樂場。

這樣的你，不會以「猶疑加深」為代價去索取感情，不會以「脾氣變差」為代價去增長本事。

這樣的你，不怕獨自一人，也不怕人潮洶湧；既能接住別人的明槍暗箭，也能保住自己的暖意與周全。

這樣的你，有勇氣對討厭的人當面甩耳光，也有底氣對喜歡的人說光明正大的情話。

這樣的你，不會用「一直說廢話」的方式來活躍氣氛，不會用費力不討好的熱情去索取回應，也不會擔心有什麼隊伍必須要跟上去。因為你知道，如果真的有什麼是值得去贏的，那應該是贏得尊重，而非苟同。

希望有一天，你能和這個一本正經的世界擦出精彩絕倫的火花；也希望有生之年，你能幸運地成為別人冗長生命裡有趣的某某。

目錄
contents

前言 4

THEME 01 要麼熱氣騰騰，要麼死氣沉沉 16

THEME 02 做一個迷人的混蛋，善良但不故作喜感 26

THEME 03 對於不可靠，事不過二 36

THEME 04 努力得不徹底，就會活得很彆扭 48

THEME 05 性格無趣，所以人緣極差 58

THEME 06 明明是遊手好閒，就別妄稱是文藝青年 68

THEME 07 不要和消耗你的人在一起，也不要成為消耗別人的人 78

THEME 08 你是在旅行，還是在浪費生命 88

THEME 09 做你的朋友，使用者體驗真差 98

THEME 10 一顆陰鬱的心，撐不起一張明媚的臉 108

THEME 11 所謂有教養，就是不替別人製造困擾 118
THEME 12 你怎樣度過一天，就會怎樣度過一生 128
THEME 13 有愛的懂得示弱，缺愛的才會逞凶 138
THEME 14 沒有自我的人，自我感覺都特別好 148
THEME 15 要懂得寬宏大量，也要懂得雙倍奉還 158

THEME 16 脫單不如脫脂，脫脂不如脫貧 168
THEME 17 幽默是最好的調劑，也是最高級的防禦 180
THEME 18 內向的人，不必羨慕別人的譁眾取寵 190
THEME 19 你有多自律，就有多美好 200
THEME 20 若不是畫龍點睛的指點，就不要畫蛇添足地指指點點 210

THEME 21 你若盛開，清風愛來不來 218
THEME 22 既要有默默付出，也要做足「表面工夫」 228
THEME 23 你不甘墮落，又不思進取 238
THEME 24 少點招式，多些真誠 250
THEME 25 你是在談戀愛，還是在發神經 262

Close

THEME 01

要麼熱氣騰騰，要麼死氣沉沉

01

見過的女神挺多，但最難忘的卻是個女神經[1]，大家都叫她薇小姐。四月底的時候，薇小姐從一位老婦人手裡買了兩棵梔子花樹。老婦人再三向她保證：「一定會開花，一定會開花！」

薇小姐左等右等，從五一勞動節等到了中秋節，這兩棵樹依然是一副「關我什麼事」的樣子，只顧著枝繁葉茂，就是不開花。

1 編註：指長相漂亮，性格直率的女性。

薇小姐急了，破口大罵：「這什麼玩意，它們都是公的嗎？」罵完之後，她就替樹澆水、施肥，並且聲情並茂地為兩棵樹讀了幾段作家丁立梅的《每一棵草都會開花》。

還有一次，我和她一起出遠門。高鐵上，她突然對我說：「老楊，好無聊，我好想做仰臥起坐、蹲個馬步什麼的。」

我以為她在開玩笑，就沒搭理她。結果，她起身就去走道上，當著眾人的面做了兩組仰臥起坐，然後蹲了十幾分鐘的馬步。她回到座位的時候，我用書遮住臉，假裝互不認識。

見我不理人，薇小姐馬上就找到了「消遣」方式——她從背包裡拿出了畫板。很快，她得意地向我展示了她的「傑作」——畫板上的我被五花大綁，即將下油鍋！

她還是公司裡的開心果，是美食的風向儀。誰要是有個不愉快，誰心裡悶得慌，她三兩句話就能把人逗樂；哪家火鍋店最好吃，哪家的烤肉最有滋味，她都如數家珍。

當同事們因為加班而抱怨的時候，她卻在社群媒體裡大ＰＯ特ＰＯ加班特供的員工餐何其美味；一堆人都在為集體出遊的糟糕天氣感到悶悶不樂的時候，她卻在景點旁和賣蜂蜜的老農聊起了挑選蜂蜜的門道。

你看，一個人的賞心悅目，不僅僅關乎年紀、身材和長相，還關乎穿的衣服、戴的耳機、提的包包，以及皮囊之內的五臟六腑是不是熱氣騰騰！

對生活充滿熱情的人，總是能夠將瑣碎的、煩惱的日子過成短詩，而內心冷漠、情感貧瘠的人，最大的本事就是將「享受生活」變成「忍受某種煎熬」！

比如你，你意識到自己越來越挑剔，想打交道的人一百個裡面都找不出來一個；你發現自己越來越喜歡沉默，就像是一座死火山。你既享受著這樣的安寧，同時又對它的索然無味感到絕望。

可是，到底怎麼和這個世界打成一片？你看了無數本交往祕笈，卻依然沒什麼至交朋友；怎麼將這個世界逗樂？你聽了無數的笑話，卻依然沒有幽默感。

最後，**你就像一隻趴在玻璃窗上的蒼蠅，只覺得前途一片光明，卻找不到出路。你的狀態是活著，卻也喪著！**一個人，若不是為熱氣騰騰的生活奔走，那等著他的，就只有容顏和心態被生活碾皺。

當你陷入庸常的生活，在心力交瘁的邊緣遊走時，熱氣騰騰的靈魂就像是一個恰到好處的擁抱、一句落在心坎上的撫慰，它能指引你，怎樣巧妙地反擊這種枯燥，同時又提醒你，活著這件事，並不總是那麼艱辛。

就算，那些擁有大長腿的人，走起路來確實會很性感、美麗，但只有小短腿的你照樣可以開心地蹦跳。

就算，那些出生在富貴人家的人，他們日日夜夜是燈紅酒綠、吃滿漢全席，但作為普通百姓，你照樣可以一日三餐，頓頓津津有味。

我的建議是，別婆媽、別碎嘴，盡量去做點有意思的事情。如果非要有個順序，那就先做有意思的事情裡沒做過的；盡早遠離不合適的人，如果非要為「合適」設立參考標準，那就看他是增加了你對生活的好奇，還是削減了你對愛情的熱度。

想買的東西，在力所能及的情況下，咬咬牙還是買了吧；想去的地方，在有條件的前提下，擠擠時間還是去了吧。錢不花，就不是自己的，景色不看，就是上帝的。

人生就是場體驗，請你盡興點！

遇到壞人，該封鎖還是得封鎖；遇到紅包[2]，該點就點。粗茶淡飯不要緊，朋友散場沒關係，兵荒馬亂也無所謂，只要你擁有熱氣騰騰的靈魂，日子就不會差。

喜歡誰就去示愛，想要什麼就大膽去異想天開，不被生活拒絕一下，你還真當自己是仙女啦？

02

說到這，我突然想起了T，他不是仙女，而是一個長得很粗獷的萌叔。

T的萌，萌在出人意料上。有一次，他找幾個下屬開會，結果一不小心就到了半夜十一點。於是他就叫了外送，可時間過了很久，餐點還沒送來，他打電話給外送員才知道，送餐車壞在半路了，還在修。

2 編註：「紅包」是指利用中國騰訊推出的一款APP及微信支付，轉發金額及祝福話語給朋友，接收者點開後即可獲得相應收益的贈禮方式。

幾個下屬聽完火就上來了，連忙說要打電話投訴，T二話不說，下樓弄了輛腳踏車，騎了兩公里，自己去取了回來。

那天晚上，他發了這樣一篇文字：「我才是你們的蓋世英雄，在你們飢腸轆轆的時候，我會腳踏小單車，穿著高檔西裝，拎著雞腿和義大利麵來見你們。」

在旁人看來，T很愛笑，也愛搞笑，他的口頭禪是「像我這樣，一大把年紀了還可愛得很，真是罪過罪過」。但我知道，他的笑容背後真的是咬緊牙關的靈魂。

T是從孤兒院出來的，用他自己的話說：「我不知道自己姓什麼，但我知道自己該信什麼——努力！」

我和T相識多年，眼睜睜地看著他從一百八十幾公分的「滿臉鬍碴竹竿」變成了一百八十幾公分的「儀表堂堂竹竿」，更難得的是，他憑藉一己之力，將原本兩個人的公司變成了如今一百多人的小企業！

我向T說：「回過頭看，你的前半生其實蠻傳奇的。」

他的回答讓我印象深刻：「如果非要說這是傳奇，那製造傳奇的材料無非就是一個個庸常而枯燥的努力。」

很多人叫囂著生活平淡無味，卻又在百無聊賴中草草度日；很多人抱怨著理想與現實相差太遠，卻也在碌碌無為中放棄追逐。

其實，每個人的成長之路都要面對兩股力量，一股是冷酷的，另一股是充滿希望的。冷酷的是，隨著年紀增長，不管你變成了什麼樣子，強壯還是瘦弱，出身豪門還是草根，都要承擔生活給你的重壓。你會發現自己的自由越來越少、可以活動的空間越來越小、能夠掌控的東西越來越稀少，很多東西是在「砸」向你，而不是「呈」給你。而希望在於，你還是有逆襲的可能，你可以耗盡力氣、賠上運氣、賭上青春，用別人不願意做、不屑於做、不敢做的方式去搬磚運瓦，親力親為地建築自己的人生！

有句諺語是這樣說的：「外婆抱外孫，累死不一哼。」用文藝的句子翻譯一下就是：最好的生活，就是我願意；再直白一點說就是：即使是坐在冷板凳上，也要熱氣騰騰地工作。

別等到了某一天，讓你心動的人再也感動不了你，讓你憤怒的事再也激怒不了你，讓你悲傷的故事再也不能讓你落淚，你才知道，這時光、這生活對你進行了多麼嚴重的迫害！

對一無所有的人而言，平平淡淡不是真，是真沒勁；對生活寡淡的人來說，你可能有深度，卻沒有溫度！

03

日本有一位叫柴田豐的老人，九十八歲才開始出版第一本詩集，名字叫《人生別氣餒》，結果在日本狂銷兩百萬冊。

一百歲時，她還隨時在手邊放著鏡子和唇膏，穿衣服講求搭配，並要求精緻。

她說：「即使是九十八歲，我也還要戀愛，還要做夢，還要想乘上那天邊的雲。」

她說：「請不要叫我老奶奶，或問我『今天禮拜幾』、『九加九等於多少』，拜託，請不要再出這類傻瓜題目。」

那麼你呢？

十幾二十歲，你就一口一句「老了」；大學剛畢業，你就將人生目標設定為「如何抓緊時間偷懶」；工作尚未有起色，你就盼著換一個「鐵飯碗」；遠距戀愛了半個月，你就覺得度日如年；聚會才過了二十分鐘，你就彆扭得想停止心跳……

那結果必然是，所有你暫時追求不到的目標，都輕易地被你歸類為「癡心妄想的目標」；一切你伸手搆不到的位置，都成了你遙不可及的「遠方」……

朋友邀約你去唱歌：「走吧走吧，今天唱個通宵。」你搖搖頭說：「唉，不行啊，老了。」

旁人慫恿你去追女神：「當年你喜歡的人還單身呢，去追啊！」你搖搖頭說：「唉，沒有那個勁了，老了。」

好姊妹邀你一起去上個瑜伽課：「我們再加把勁，讓青春留一次級！」你搖搖頭說：「一把年紀了，還扭什麼啊！」

你整天把「老了」掛在嘴邊，好像只要勇於承認這一點，了無生趣的生活就得到了寬恕。其實這只是自欺欺人罷了。

我的建議是，你要時刻與這個世界保持聯繫——保持對無常生命的熱情、對庸常生活的好奇，只有這樣，你才能在每年生日時理直氣壯地說：「哎呀，怎麼又要過十八歲生日了！」

管他呢，反正絕不多插一根蠟燭！

誰都會老，也都會死掉，真心希望最後的那一天，你能夠拍著胸脯說：「**我從未做過的事情，就是從未；我從不做的事情，就是不做；我一直在做的事情，就是我活著的意義！**」

THEME 02

做一個迷人的混蛋，善良但不故作喜感

01

上大一的表妹神經兮兮地跟我說：「我快要愛死我的新室友了！」

我正在看書，頭也沒轉地回了她一句：「她是不是成績超級優秀，方便你抄筆記？又或者是個生活達人，便宜了你這個大懶蟲？」

表妹樂呵呵地說：「才不是，她呀，是個迷人的混蛋！」

「迷人？還是個混蛋？」

見我滿臉的問號，表妹這才得意地誇起了她的那位新室友，我們暫且叫她C小姐。

在C小姐到來之前，表妹的宿舍寢室一共有三個人，其中一位跟誰都是「自來熟」：

早上不想起床，就讓表妹順路幫她帶個早餐；下午的選修課不想上了，就讓表妹報個「到」；週末的包裹到了，一定要等誰去「順便」幫她拿回來……此外，借衛生紙、借書、借電腦都是常有的事。最可怕的是，連牙膏她都借過！

時間久了，誰都難免會覺得她煩。然而，大家礙著面子，從來都不曾流露出不爽的情緒。

C小姐來的第二個星期五，那個自來熟的室友還是像往常一樣，隨手就用了C小姐的抽取式衛生紙。C小姐走到那個人面前，冷冷地說：「你懂不懂禮貌？沒經過我同意，怎麼能隨便動我的東西？」

那位室友一下子被問倒了，反問道：「兩張衛生紙而已，有什麼好大驚小怪的？」

C小姐冷冷地說：「首先，拿別人的東西之前要打招呼，這是最起碼的禮貌；其次，我們還沒有熟到不用打招呼就亂動東西的程度！」

站在一旁的表妹也被震住了，不僅因為C小姐說出了她一直想說卻不敢說的話、做了她想做卻不敢做的事，還因為這個看似文靜的漂亮女生，居然是一個如此「不好惹」的角色。

在與C小姐相處一段時間之後，表妹發現，C小姐很少參加同學聚餐，她的交友圈子不大，但十分固定。不太熟的人根本走不進她的圈子，當然了，她也很少跨出自己的圈子。她從不主動和陌生人說話，能用地圖查找，絕不動嘴問路；她也敢用白眼去拒絕男生搭訕；實在是有不得不回答的問題，她往往都是一問一答，一個字都不會多說！

但在C小姐自己的圈子裡，她其實很活躍，不僅健談，而且有趣極了。她和圈子裡的人輪流當活動的主揪者，各種攝影比賽、辯論賽、登山活動、募捐活動……忙得不亦樂乎。

表妹不解地問C小姐：「你其實是個性格活潑的人，為什麼還天天擺出一副『生人勿近』的樣子呢？」

C小姐笑著說：「因為我不可能做到和所有人都成為真朋友，就像我不會對每個人都保持冷漠一樣。**朋友是選著交的，不是用廉價的笑討來的。**」

對於那些習慣了占便宜的人，你付出和犧牲得越多，他就越覺得「噢，我已經見怪不怪了」；**你妥協和退讓得越多，他就越覺得「哦，原來還可以繼續得寸進尺」**。

對於不喜歡的人和事，你就應該態度明確地拒絕；否則，你的縱容和妥協就會變成某種情緒的癌細胞，它會一點點地吞噬掉你原本清爽、健康、快樂的生活，最後讓你過一種爛掉的人生！

是的，這樣做，別人也許會覺得你「高冷」，甚至懷疑你有「社交恐懼症」，但實際上，你只是不想跟他們打交道而已。

在我們周圍，有兩類人不怕麻煩別人，一類是不講規則，不知道什麼是底線；另一類是相信自己還得起！同樣有兩類人不怕得罪人，一類是滿腦子的「愛誰誰」，任性、自私、無所謂；另一類是強大到能夠承擔後果，同時也相信別人惹不起！

所以，能不能麻煩別人、該不該怕得罪人，你要自己多斟酌。

在懂事之前，你巴不得把自己的天真、善良、熱心都寫在額頭上，恨不得對每個新認識的人都掏心掏肺；但在懂事之後，你又恨不得拿起筆在臉上寫著：「我很冷酷，不講人情，容易讓人失望，生人勿近。」你寧願讓新認識的人覺得你自己是個混蛋，也不要日日夜夜扮演一個三百六十度無死角的爛好人！

敢做混蛋的好處是，別人會從你的缺點裡慢慢地發現一、兩個優點。而若一直扮演好人，只會慢慢讓人覺得「你本就是好人」、「你就該幫我」。

所以，對於自己喜歡的人和事，你要繼續滿腔熱情；而對於自己不喜歡的，你不僅要冰冷，還要變成巨大的冰山——讓他們靠不上來！

02

胡先生談戀愛已經有兩個多月了，但從來沒有見過他在社群媒體上放閃過。基於八卦的好奇心，我私訊問了他：「戀愛中的大暖男，感情戲演到哪裡了？」

他回覆了我八個字：「若即若離，生死難料！」

原來，他碰到了一個自己心儀的女生，她什麼都好，除了不太喜歡胡先生。

一開始，兩個人還只是在通訊軟體上聊天，早上說「早安」，晚上說「晚安」，偶爾再聊一些雞毛蒜皮的小事……聊著聊著，兩個人的關係慢慢變得曖昧起來，會一起吃飯，偶爾再看場電影，甚至，還接過吻……

也許是女生的某些回應給了胡先生積極的暗示，所以胡先生率先宣布自己結束了單身。但好景不常，胡先生卻發現女生還是到處宣揚自己的「單身」身分，胡先生傻了，他一再追問，女生卻總是顧左右而言他地回一句：「早點休息吧，下次再說這個。」

就這樣，一拖就是四個月。胡先生在這場類似愛情的猜謎遊戲中精疲力竭，他想過鬆手，可又隱約覺得「也許還有戲」。

那天晚上，我留了一句話給胡先生：「你值得睡一個好覺，不要再為了那個睡得很香的人而失眠了。」

無論情路如何，請切記，不能自我折磨，這樣做的結果大多是：感動了自己，噁心了別人。

大約一個星期之後，胡先生找我聊天，說徹底結束了那段關係。他說：「我以前也想過算了，但都被她簡單的幾句『我們再試試吧』給挽回了。但經過了這一個星期的思考，我知道，她只是需要陪伴，而不需要我，所以我們之間根本就沒有可能。」

我理解胡先生的糾結和不捨。比起那些你追了很久卻沒能在一起的，最可怕的是她以假愛之名闖進你的生活，在你慢慢適應她的存在、接受她的圍繞時，她卻逐漸表露了真心實意：「或許我們不合適，先試試看吧。」

可是，愛情這種事情，要麼是愛，要麼是不愛，根本就沒有「試試看」啊！

他三天沒回你的訊息，你就開始胡思亂想起來：「是不是我哪句話說錯了？」、「是不是我哪裡惹他不高興了？」、「是不是他討厭我了？」……

最終你會發現，其實都不是，**他不理你，只不過是在陪比你更重要的人、做比陪你聊天更重要的事罷了**。

所以，千萬不要因為喜歡一個人而無條件地退讓，也不要因為害怕回到一個人而獨自維繫這段關係。你要學會聰明地結束，而不是為了一個錯的人，毀掉了自己對愛的信心。更不必在這種事情上折磨自己，反思是不是自己哪裡不夠好，考慮如何退讓才能讓對方喜歡自己，不必！你唯一需要檢討的，就是為什麼沒有讓他快點走出你的人生。

切記：那些不清不楚的你情我願，早晚要用恩斷義絕來償還！

03

那麼，什麼是「迷人的混蛋」？

我覺得是這樣：他冷熱分明，愛恨分明，酷得像晚秋的風，瀟灑得像森林裡的鹿，不討喜，卻自由。

迷人的混蛋活得有底氣、有尊嚴，也有原則。

他絕不會偷偷摸摸地練「九陰白骨爪」這樣陰險、邪惡的功夫，也不會私自練「葵花寶典」這樣自殘、自虐的功夫，他們不放暗箭，也不借刀殺人；**他不怕獨自一人，也不怕人潮洶湧**。

他會努力去學光明正大的「降龍十八掌」和內功深厚的「易筋經」，以便能接住別人的明槍暗箭，保住自己的暖意與周全。

他在年紀輕輕時就「老了」，具有一顆溫熱的、穩固的，但同時也滿是抬頭紋的心。然後，時光打磨，他慢慢變得年輕起來，年輕得像個無所畏懼的混蛋。

他就像是學生時代的鄰座同學，你上課找他說話，他就舉手告訴老師；你下課對他惡作劇，他就不近人情地去教務處揭發你。可是呢，成績名列前茅的是他，操場上領跑的是他，老師喜歡的是他，被同學記住的還是他，儘管他看起來不好惹、不熱情。

除了外在的優秀，他還有內在的強大；既能夠盡情盡興地對討厭的人甩耳光，也能光明正大地和喜歡的人說情話。

所以，請你自顧自地美好起來，照看好自己的身體和靈魂，看書、運動、修身養性，努力去獲得知識、開闊眼界，並且自成格局。

哪怕你社群媒體上的按讚數寥寥無幾，哪怕你正在被一個小團體邊緣化，哪怕你不了解周圍人在議論的熱門戲劇，哪怕你從不參與社群上的熱門話題……

這一切其實沒什麼大不了的，**不要讓你的生活被費力不討好的對話填滿，也不必擔心有什麼隊伍必須要跟上去。**

如果說，真有什麼是值得去贏的，你應該贏得尊重，而非認同。

那些不清不楚的你情我願，
早晚要用恩斷義絕來償還！

對於不喜歡的人和事，你就應該態度明確地拒絕；
否則，你的縱容和妥協就會變成某種情緒的癌細胞，
它會一點點地吞噬掉你原本清爽、健康、快樂的生活。

THEME 03

對於不可靠，事不過二

01

Zona 失戀的第二天，發了一條動態：「我瞞著所有人，繼續愛你。」然後標註了那個男生。我的第一反應就是，「純屬欠罵」！

我見過 Zona 的那個前男友一面。平心而論，他確實很討人喜歡：長得帥，笑容很乾淨，對誰都禮貌，關鍵是嘴還甜。但所有和 Zona 關係不錯的人都知道，這個男生有一個不容原諒的臭毛病——花心。

基於大學四年建立的革命友誼，我準備苦口婆心地勸 Zona。可當我打開和她的對話窗時，發現半個月之前，我已經勸過一次了。再往前翻，發現兩個月前也勸過一次……

在他們三個月的愛情短跑裡，鬧分手的次數竟然高達八次。而原因竟然是一樣的：男生和某某女生不清不楚地曖昧著。

我問Zona：「這戀愛談得有什麼意思呢？」

她回我：「是啊，相當沒意思，可捨不得啊，他太好了，我太愛他了！」

我反問道：「他好跟你有什麼關係？你愛他跟他有什麼關係？就算他有一萬個優點，就算你對他情深似海，他不愛你，他就擁有一票否決權！」

「他應該是很愛我啊！」Zona強力解釋道。「他如果不愛我，為什麼每天晚上都傳『晚安』給我？而且，每次分手都是我提的，道歉是他先說的。」

我說：「你能不能別傻了，**八點半就說的『晚安』更像是在說『今天就聊到這了，你可以閉嘴了』；習慣性地道歉，就像是在說『這次就這樣了吧，傷害你的機會可還多著呢』！**」

她回了我一個「哦」，就沒說話了。我這才意識到，她要的不是我的道理。

於是，我傳了最後一句話給她：「夜別熬了，酒放下吧，就算你睡得再晚，不想找你的人還是不會找你！」

其實我更想說的是：**你看著他持刀而來，還指著心臟的位置給他看。分明就是你自己給了他傷害你的權利！**

你早就明白，可能餘生都不會再與他有任何交集了，卻還在擔心他過不好這一生。你內心的潛臺詞是：「我再等一等吧，萬一那個人對你不好，你可怎麼辦呢？」

於是，你將他當成了生活背景，他卻當你是路人甲乙丙丁；**他逐漸變成了你的不知所措，而你始終是他的不痛不癢……**

最後，你視他如命，他當你有病。

你心裡忐忑，你怕他有多快愛上你，就會有多快愛上別人。可你卻選擇了自欺欺人，總以為只要自己是最努力的那個人，他就會不再矜持地來表白，不設底線地對你遷就，然後和你成為一對有故事的人。

你被自己對他的一往情深感動了，在你的心裡，被愛的人，那就是唯一啊！可實際上，這份深情自始至終只是感動了你自己。

最後，他是你的戀愛對象，你是他的練愛對象！

痴情人所謂的故事，其實都是事故。無非是，以主動打擾開始，以自覺多餘結束！

那你還猶豫什麼？那你還哭什麼？熬夜和不吃不喝，這些算什麼？別再捧著一顆紅心去叨擾他了，你傳給他的每則訊息都像極了一場冒險，而賭注是接下來一整天的心情好壞，值得嗎？

我擔心的是，你熱情洋溢地對他講完，得到的卻僅是尷尬！真的沒什麼非他不可，也沒有什麼不可失去。願意留下來的人，就好好相處，彼此信任；想要遠走的人，就揮揮手說一聲抱歉，恕不遠送。

從「有你真好」到「沒你也行」，這中間的彎彎繞繞，他真的不必知道！再說了，他本就是個凡人，只是你的喜歡為他鍍上了金身！

記住了，對於不可靠之人，事不過二。第二次信任並不是給了他一個改錯的機會，而是給了自己一個再受傷的「機會」。

我的建議是，在遇見一個真正可靠的人之前，你得先讓自己可靠起來。真正可靠的人，他的人生清單裡不會只有愛情，還包括事業、友情、親情、興趣、愛好等。即使愛情出現了狀況，其他的部分還很正常。只要這些大框架還在，他的人生就不會因為某一部分暫時的缺失而停止運轉。

一個善意的提醒：上天不會「虧待」痴情的人，一般都是直接整到他會怕！

02

「合作夥伴和戀愛對象一樣，但凡是不可靠的，別等事不過三了，要事不過二。」第一個告訴我這番道理的人是老K。

老K是我的大學老師，老K並不老，是個不到四十歲的瘦高個。平日裡和學生們打打鬧鬧，經常在群組裡和幾個學生扯皮拉筋地開玩笑；工作之餘就帶領幾個高材生寫論文、做學術研究，各種獎金拿到手軟。然而，就是這樣一個外在溫文儒雅、內在有高級趣味的人，每年都會封鎖三、四十個人。這些人有一個共同點：不可靠。

說好月底交稿的，有人能拖到第二個月底；說好週五下午三點吃飯的，硬是磨磨蹭蹭地到晚上七、八點；說好各付各的聚會，偏偏能扭扭捏捏地假裝不知情……最可怕的是，本來是幾個人合作完成的學術論文，居然有人單獨署名發表，將大家的付出當作免費午餐。

我問老K：「那也不能犯一次錯就封鎖吧？你總得給人解釋的機會呀！萬一是真塞車？萬一是真忘了呢？」

老K說：「我當然會給他解釋的機會，但機會只有一次。合作夥伴尤其要遵循『事不過二』的原則，那些不懂尊重別人時間、精力、腦力的人，是這個星球上最不可靠的生物！」

然後，老K說了一段特別經典的話：「工作上一而再地犯錯，那絕不是能力問題，而是態度問題；社交中再而三地裝傻，那不是關係深淺問題，而是人品問題。這樣的人，怎麼一起愉快地玩耍？」

有很多人，初次見面讓人覺得驚喜不斷、好感爆表。因為他的言談舉止，因為他的侃侃而談，這些實在是太討人喜歡了，但來往了一兩個回合，你就會發現他的內在根本就撐不起他的外在，他也根本沒有能力來兌現承諾。這樣的人連朋友都做不了，更別說共事了。

於是你的內心戲大概是這樣的：從初識時的驚呼——「我的天啊，世界上怎麼能有這麼好的人」，慢慢就成了「我的神啊，地球上怎麼會有這麼不可靠的人」。

裝可愛是這幫人的通行證，開空頭支票是他們的拿手好戲，大概也是因為得到好感太容易，這樣的人往往就忽視了修練真本事，忽略了真誠，空有招數，因此跟誰都長久不了，做什麼事都成不了。

其實，不論是朋友關係還是合作關係，根基從來就不是ＥＱ、智商，而是真本事，是你的不可替代性，是你的真誠，是你的專業素養。

約好五點見面，就提前十分鐘到場。早到才是準時，遲到你就玩完。

說好各付各的聚餐，就不要拖延支付。大方要趁早，不是僅憑嗓門大。

答應別人的事，就盡百分百的努力去做到。承諾是用來兌現的，不是隨便說說的。

就算明知道是在走走過場，也煩請你不要隨便笑場；即使你的角色是個跑龍套的，也拜託你演個死人就別亂動！

這些才是你得到真心朋友、得到機會的前提，而非討好的笑和虛假的諾言。

這是一個以「真本事為王」的時代，對你的著裝十分反感的人，可能因為你完成任務的品質上乘，而願意跟你喝杯咖啡、吃頓晚飯；這也是一個以「可靠」為生存前提的時代，苛刻的合夥人可能會因為你在某些小事上表現出的可靠，而願意將你作為最佳的投資對象。

功利社會的遊戲規則是，沒人在乎你姓啥名啥，人們只在乎你能給他們些什麼。所以，你著實不必為了他人去改變自己，但你也不能一無是處。

03

得意忘形時說出口的承諾，都兌現了嗎？
怒火中燒時說過的狠話，後來打臉了嗎？
苦不堪言時下定的決心，做到了嗎？
守時、守諾、守責，你守了嗎？又憑什麼叫人信任你、重視你、尊重你？
假如你是聚餐、開會、約會時最後一位到達的，你還在習以為常嗎？
是真的認為自己比別人更忙，所以時間總是不夠用？還是真覺得自己比別人聰明，所以選擇讓別人傻等？又或是真覺得自己比別人更重要，所以一定要壓軸出場？

人是否可靠，最基本的判斷標準是時間觀念。尤其是那些初次見面的合作夥伴，他對時間的把握，能充分證明他對這次合作的重視程度。

你要相信，一個能把自己的生活和工作按照時間表安排得井井有條、不去肆意浪費自己和他人時間的人，在合作的過程中才會遵守規則和約定。反之，一個總是遲到的人，他不僅輕易地消耗了別人對自己的信任、期待，也大大地貶低了自己在對方心目中的價值和地位。

因為他不僅浪費了別人的時間、耽誤了合作的進程，還讓對方見識到了他的隨心所欲和不講原則、暴露了他契約精神的缺失，以及格局上的狹隘。

什麼叫不可靠呢？大概是大家約好了一起出石頭，結果所有人都出了剪刀，他卻出了布！

當所有人都心安理得地闖紅燈時，每個人嘴裡都振振有詞，每個闖紅燈的理由也都不可抗拒。那些還站在原地等綠燈的人，甚至在你眼裡是可笑至極的。但我想提醒你的是：越是被人當成異類，就越要擁有辨別是非的能力。比如闖紅燈這種事，闖得好了，你也就是節省幾十秒，可一旦闖得不好，人生就縮短了幾十年。

可靠的人往往有底線，不為所動。底線既可以是法律道德，也可以是職業素養，還可以是個人修養。因為這條底線的存在，他們會審時度勢，懂得取捨和權衡，他們不會逞一時之快去貪圖眼前的小利；也不會墮落成「隨大溜」[3]的人，變得良知全無。

而那些底線全無的人不僅會失掉人心、機會，也有可能賠上自己的前程，甚至是身家性命！

在這蒼茫的大地上，能夠呼風喚雨是一種成功，不被世俗左右也是成功。別人覺得「沒關係」的事，不見得是對的，被人嘲笑不可怕，隨波逐流才可怕。

網路紅人張小硯有句話說得特別好：「西藏不在拉薩，不在布達拉宮，不在大昭寺，它，就在路上。川藏線上有兩種人，一種是吹牛的，另一種從不吹牛，因為他本身就牛（厲害）！」

那麼你呢？當你在社群媒體上刷存在感，用修過的照片來粉飾你無趣又生硬的生活時，你真的幸福了嗎？當你在社群裡用套了無數次濾鏡掩飾過的照片來騙取眾人目光時，你真的驕傲了嗎？

3 編註：依照多數人的意見說話或辦事。

可靠的人首先是踏實的，關鍵是真的有本事。他們靠「走的彎路」和「吃的苦」來打動人心，靠「解決了多少難題」和「逼過自己多少次」來贏得事業上的成就，靠「說到做到」和「想要什麼就去爭取」來收穫信任。

反之，那些總盼著人生處處開綠燈，處心積慮地透過找出生活的bug來玩人生這場遊戲的人，初相識能給人「他能夠呼風喚雨」的霸氣印象，但打了兩回交道就知道了，「哦，他其實只是個吹牛大王」。

希望有一天，你回首往事，可以這般傲嬌地說：我以前可是個吹牛大王呢，是天下第一大話王，可是現在我「退步」了，所以只能說到做到。

痴情人所謂的故事，其實都是事故。
無非是，以主動打擾開始，以自覺多餘結束！

工作上一而再地犯錯，
那絕不是能力問題，而是態度問題；
社交中再而三地裝傻，
那不是關係深淺問題，而是人品問題。

真的沒什麼非他不可，也沒有什麼不可失去。
願意留下來的人，就好好相處，彼此信任；
想要遠走的人，就揮揮手說一聲抱歉，恕不遠送。

THEME 04

努力得不徹底，就會活得很彆扭

01

晚上十點半，我正準備睡覺的時候，張敏突然傳了一則訊息給我：「老楊，今天是我的生日。」

我客套地回傳了一則祝福訊息給他，另附上一個生日紅包[4]。結果紅包他沒收，而是傳來了一大段話，全都是訴說他在工作中的焦慮和生活裡的種種不如意。

他在結尾處寫道：「我到了連午休時間都要拿出來相親的年紀，好像全世界都在替

4 編註：是一種透過微信支付贈送禮金給朋友的祝賀方式。

我著急。但我的存款幾乎為零，有時為了盡孝，還得借錢寄回家！」

張敏是個「北漂族」，大學畢業後就隻身一人到北京打拚，在地鐵口擺過地攤，在早市賣過煎餅果子……如今是一名有著三年工作經驗的房地產銷售員。

我問他：「記得你說過，北漂是為了一圓自己的音樂夢想，還說要組樂隊呢。」

他回答我：「小孩子才說夢想，我現在只想有個套房。」

我在他的社群媒體裡翻了很久，總算找到了那則初到北京時發表的「夢想宣言」。他是這樣寫的：「沒有一顆心會因為追求夢想而受傷。當你真心渴望某樣東西時，整個宇宙都會來幫忙。」

誰知道，只是過了三、五年的時間，他的夢想就崩塌了，並且無限地接近於一個怨婦。點開張敏的社群媒體，主頁赫然寫著王爾德的那句名言：「我不想謀生，我要生活。」可動態中，卻找不到一丁點他為買房、為了生活而努力的痕跡，多的是對工作的怨念和對生活的不滿。

比如變態的交通、糟糕的空氣、路人甲乙丙丁的不友好眼神和語氣、同事某某的家長裡短、娛樂明星的八卦新聞……偶爾會有一張黃金葛植栽的照片，在背景裡能看到橫七豎八的鞋子和襪子。

要我說，你就是努力得不徹底，所以活得很彆扭。

人性的醜陋之處就在於此，凡事太容易原諒自己，又太擅長遷怒於其他！

比如找工作，畢業時沒找到，你就想著可以先考研究所；能賺錢的職位門檻太高、太辛苦，你就想著找個錢賺少一點但不太辛苦的。

比如出門旅行，買機票太貴了，你就盤算著買火車票，「反正能到目的地就行」；星級酒店太貴了，你就自我安慰「青年旅館也不錯」。

比如找戀人，覺得談戀愛太麻煩，你就便宜行事，去相親網站撈；與一個不合適的人相處得很累，你就自我麻痺說「沒有天生就合適的兩個人」……

很多時候，人生就是這樣一點點被自己給「哄」沒了的！然後，你只能抱怨，說薪水太少，說生活太難，說遇人不淑……

你說你是個對錢沒有概念的人——既不貪財，也不想著發財。那結果必然是，但凡是能用錢解決的事情，你一件都解決不了！

你說你是一個對生活有情調的人——不想謀生，只想要生活。那結果自然是，你的生活既沒有積蓄，也沒有頭緒，只有沒有原因的情緒和沒完沒了的頭皮屑！

那你有什麼好抱怨的呢？**你在人生的每一個岔路口上作出的選擇，都是基於「容不容易」和「麻不麻煩」，而不是「喜不喜歡」或是「適不適合」。那麼你又憑什麼去抱怨命運，抹黑現實，同情自己呢？**

你的怨天恨地只是在展示你的窩囊，你的憤世嫉俗只能體現出你的狹隘。你如今的每一秒，都不過是在為曾經的選擇買單罷了！

02

為了學畫畫，我在年初報了繪畫課程。這就認識了年近半百的漫畫迷——大鬍子先生。每次上課，大鬍子都是第一個到場。他會跟小他二、三十歲的年輕人聊最新的漫畫作品；也會有一堆的問題要追著老師問，三天兩頭的，他還會拿出幾幅自己的新作讓大家講評。

跟他打了幾回交道後，我也慢慢聽全了這個老頑童的故事。

大鬍子其實是一間私人公司的老闆，據說相當成功，但他小時候卻過得很苦。六歲時，在山頭挖野菜的他，目睹了一個流浪漢將一條流浪狗畫得栩栩如生，便有了當畫家的夢想。

但在那時，填飽肚子才是第一要務。稍大了一些，他就被迫去工廠裡做工，再後來結婚，有了孩子，生活的重心也慢慢從「填飽肚子」轉向「努力賺錢」，以期讓家人吃得更好、穿得更好、住更大的房子。

他像個陀螺一樣圍著工作轉，幾乎沒有一點時間陪家人，更別說當畫家了。女兒出生的時候，他在偏遠山區的工廠裡監督生產；妻子大病一場時，他也無暇探望，唯一出現在醫院的一次就是出院時幫妻子繳費。

他後來開始經商，用全部家當從銀行貸了近百萬人民幣。結果是，銀行三天兩頭催他償還貸款，他回憶說：「很長一段時間，我是不敢生病，也不敢死的！」

直到四十八歲那年，一天，大鬍子凌晨三點才忙完工作回到家。進屋時，他習慣性地躡手躡腳，恰巧上廁所的女兒看見了，女兒朝他喊了一句：「爸，你回來了！」

他一下子就呆住了，眼前這個十八歲的小姐居然是自己的女兒！他倒吸了一口涼氣：「天啊，這些年我都幹什麼去了，女兒居然都這麼大了。」

從那時起，他才有意識地從繁忙的工作中抽離出來，選擇了相信同事和下屬，而不再事必躬親；他將更多的時間和精力用來陪伴家人，而不再只是當個「賺錢的機器」。

也就是從那時起，他的畫家夢被重新喚醒了。但是，對一個年近半百還患有淚囊炎的人來說，基本功的訓練顯得格外辛苦，為了完成一幅畫，他五分鐘就得擦一次眼淚。

我問他：「你不覺得累嗎？你覺得值得嗎？」

他笑呵呵地說：「累是真累，值得也是真值得。」

我又問：「那現在和從前相較，你覺得生活有什麼不同了？」

「太多了。」他說，「我曾經蒼老，如今風華正茂。」

其實，命運是個愛替人添亂的角色。為了不讓實現夢想的路上人滿為患，它會故意讓一些人迷失方向，讓一些人走進死巷，再讓一些人撞上暗礁……沒有目標的人只能勞神費力地在人海裡游泅，躲著壞人，避著強人，然後隨波逐流！

目標堅定的人則會想方設法地走出困境，調整航向，然後重新找到正確的航線，乘風破浪。

誠如梁啟超老先生所言：「十年飲冰，難涼熱血！」

那麼你呢？

你沒有機會能多賺錢，也沒有底氣能多花錢。你自認為「無聊」只是一時的狀態，卻忽視了它正慢慢變成你人生的常態。

你不願意改變自己，而是習慣於替自己解釋——「我從來都是如此！」但是你想過沒有，從來如此，就對了嗎？

你捨不得麻煩自己，所以學會了很多託辭——「沒有那個必要」、「我沒有時間」、「以後再說」……

只是你別忘了，二十歲偷過的懶，都會變成三十歲困住你的牆！

03

遇見幾個爛人後，你對感情的猜疑越來越多：「我該不該放棄？」、「他是不是拿我當備胎了？」

過慣了有指令的生活，你的糾結就會越來越多：「等會吃什麼？」、「要不要看零點場次的電影首映？」、「過節是回家還是找朋友去旅行？」、「明天是穿短褲，還是短裙？」

工作的年頭久了，你的熱情越來越少，困惑就會越來越多：「再堅持幾年，老闆會不會幫我升職加薪？」、「天氣這麼糟糕，我今天是不是應該請假？」、「遲到了應該也沒什麼問題吧？」、「我得多拚命，才能避免今晚再加班？」

週末準備出門遊玩的時候，看到競爭對手在群組傳了正在加班的訊息，心裡竟然莫名地緊張起來；晚上敷面膜的時候，聽說同行的某某正在為了某個專案苦戰，居然會有些坐立不安。

於是，在家裡端著咖啡晒太陽，竟然有種罪惡感……

別人的生活是：有乾淨的圈子、規律的生活、中意的人；每一夜都能安安靜靜、心安理得地入睡，每一天也能清清爽爽、精神抖擻地醒來。

你的生活是：擁擠不堪的圈子、毫無規律的作息、湊合著在一起的戀人；每一夜都是焦慮不安地失眠，每一天是心事重重、疲憊不堪地醒來。

別人的生活態度是：像少年一樣熱烈地愛，像老人一樣平靜地痛。你卻是像老人一樣毫無激情地愛，像小孩一樣歇斯底里地痛！

這樣的你哪還記得初心，哪還顧得上夢想？

你有庸碌度過此殘生的自由和權利，但我還是希望你能活得再精彩一些。我希望你多看一些讓你耳目一新的事物，而不是奇葩；我希望你多體會一些新鮮的感覺，而不是泡在糖罐裡；我希望你多結識一些觀點不同的人，而不為對錯輸贏；我希望你的一生充滿了儀式感十足的鄭重其事，而非搪塞打發時日……

無論你是基於什麼而屈服於生活，你都要替自己的夢想、初心留一些容身之地。它們是你生而為人的意義所在，是你情懷的居所、道德的底座；是你不焦慮、不畏懼的前提，是你不妥協、不將就的資本。

什麼叫「不忘初心」？就是剝離掉虛榮心、表演欲、自我感動的外殼，露出對真實自我的一片赤膽忠心。

什麼叫「疲憊生活的英雄夢想」？就是領教了這個世界的凶險與頑劣，還是有勇氣去過「該吃吃、該喝喝，愛誰誰」的快意人生。

只是你別忘了，
二十歲偷過的懶，
都會變成三十歲困住你的牆！

無論你是基於什麼而屈服於生活，
你都要替自己的夢想、初心留一些容身之地。

你不願意改變自己，而是習慣於替自己解釋——
「我從來都是如此！」但是你想過沒有，
從來如此，就對了嗎？

THEME 05

性格無趣，所以人緣極差

01

每個人的社交圈裡都有一個活得風生水起的人，我認識的這位叫九小姐。

九小姐是那種能把平常日子過出花來的人。她不會允許自己糊裡糊塗地打發時間，因此，她假期的消遣很多：玩滑板、攝影、畫畫、ＤＩＹ手工藝品，當慈善活動的宣傳員，做藝術品展覽的志工，又或者組團外出寫生，抓些小昆蟲回家自己做標本……

她的「玩心」很重，也非常會玩，跟她同行會特別輕鬆。去哪裡玩、去哪裡吃、去哪裡住，坐哪一路公車、換幾號地鐵，是自助還是跟團旅行，吃高檔餐廳還是特色小店，去人山人海的景點還是找獨家祕境……她都會提前準備得妥妥當當。

她貪玩，也寬容，她能在自己身上挖出無數的笑點來，也能接受所有關於自己的玩笑。有她在，從來就不會冷場。

有一次，我在一家花店門口遇見了九小姐，她正彎著腰、認認真真地在讚美一朵快枯萎的花。

見我笑得快站不直了，她一本正經地對我說：「我是想讓它多活兩天，人家科學家做過實驗了，說對一個培養皿裡的細菌置之不理，對另一個培養皿裡的細菌每天都說表揚的話，後者會長得更茁壯。所以我……」

見我哈哈大笑，她手一揚，說道：「一邊涼快去！」

原來，有趣的人一個人的時候也很有趣。

九小姐自己玩得不亦樂乎，但並沒有讓家裡人安心，畢竟，她還單身。在家裡人三令五申地逼迫之下，一個據稱是「足以改變你命運」的男人出場了——他有錢、有權，可偏偏就是太無聊！

關於這一段，九小姐講出了單口相聲的味道：「那是個月黑風高的星期五，我倆約在一家鑾有情調的飯店見面。結果寒暄了不到五句話，他就開始跟我說伊拉克問題，轉身又開始說南海局勢。九小姐問他平時的消遣，他說除了工作就是工作，偶爾會翻翻四大名著；問他日常興趣，他說看新聞……」

講到這時，九小姐捋了捋頭髮，誇張地嘆了一口氣：「唉，和他坐在滿是紳士淑女的高檔飯店裡，居然讓我有了被班導請到辦公室談心的感覺。」

遇見一個貧瘠的靈魂，無異於經受一場劫難：你跟他吃飯，會覺得難以下嚥；你跟他聊天，會覺得價值觀不合；就連乾坐著，都覺得累。

無奈的九小姐最後問了那男人一句：「那你賺錢是為了什麼？」

男人一臉疑惑地說：「賺錢不就是目的嗎？」

見九小姐沒再說話，大概是猜到了九小姐的心思，說了句：「那，做個朋友總行吧？以後你有需要我的地方，我一定幫忙！」

九小姐笑著說：「我們不是一條路上的，還是做陌生人更合適。」

有太多人在迷信交際的作用，恨不得把所有時間都花在「如何認識有用、有趣的人」上。可是，在你沒本事、沒有利用價值前，你除了幫人按讚之外，其實什麼都做不了。

過分地強調「人脈」的作用，或一味地強調交友的作用，讓人錯誤地以為：只要認識了某個大咖就能解決所有的人生困境，只要進入某個圈子就能拿到所有難題的通關密碼，從根本上來說，不是懶惰，就是賴皮！

在這個強者如林的世界裡，永遠不缺少各式各樣的成功者，也不缺千篇一律的好看面孔，可唯獨，有趣的靈魂最難遇到。

有趣的人需要的不是那些點完菜就各自埋頭玩手機的朋友，不是那種關上門就想不出聊什麼的伴侶，也不是那種發完動態就靜悄悄的聚會，而是同樣成熟、穩固、有趣的另一個靈魂。

一個無趣的人遇見另一個無趣的人，只會綑在一起爛掉；而一個有趣的靈魂遇見另一個有趣的靈魂，會因對方而熠熠生輝。

02

作家老舍先生是一個特別有趣的人。

有一陣子，他的朋友花了六百元買了一頭花豬，這在當時是天價。

於是，老舍每次去這位老友家都會專門去拜訪這隻花豬，偶爾還會向牠作揖，因為在老舍看來：「假若他（花豬的主人）與我共同登廣告賣身，大概也不會有人出六百元來買！」

嗯，你可以想像一下，一個老頭子對著一頭花豬彎腰作揖的情景有多滑稽。後來，這頭花豬生了一場大病，老舍先生還專程去看望牠，像看個老友。

有趣的老舍交的朋友也很有趣，代表人物是翻譯家馬宗融先生。馬先生是個十分沒有時間觀念的人，但在老舍看來，他十分有趣。

比如約他晚上七點吃飯，他的行程往往是這樣的：下午三點鐘就出門，出了家門，他能與每一個路人聊上十幾分鐘，管他是老太婆還是小學生；如果路上遇見吵架的，他還會上去勸解；遇上某處起火，他得幫忙去救；遇上有人追小偷，他必然得加入，並且非抓到不可；看見某種新東西，不管買不買，他都會問問價錢；看到戲院出海報了，不管看不看，他都會打個電話問有沒有餘票……如果看見誰新買了一條繩子，他馬上拿過來練習跳繩……

等他到了吃飯地點的時候，飯局早就散了，他就不急不躁地原路返回，又照樣是找人聊天、勸架、救火、追小偷、問價格、問餘票……

你看，有趣的人就像是塵封的老酒，越相處越有味道。而無趣的呢，就像是開了瓶蓋的可樂，放到後來，一點氣都沒了。

與有趣的人交往，就像是在讀一個看點多多的故事，就像是欣賞了一部笑點多多的喜劇，就像是遇到了另一個相似的靈魂，共鳴感鋪天蓋地。

這樣的朋友，不用拐彎抹角，不用寒暄。需要對方的時候就聊上一整天，想念對方了就一起去玩耍幾天；不怕分享了自己的開心事使對方嫉妒，也不用擔心自己的糗事遭到對方鄙夷。兩個人既不需要浮在表面的客氣，也不必在內心深處戒備。

基於有趣而產生的友情，就像是兩個人掏出各自的筆記本，發現有些相同的念頭和想法，有讓彼此歡欣雀躍的類似愛好，記錄過幾段略顯勇敢或愚蠢的過往，並被對方視為可愛。

除此之外，對方愛穿什麼風格的皮鞋，噴什麼味道的香水，專注過哪些人與事，又或者是無肉不歡、嗜甜如命……這些在另一個人看來，都無比合理，根本就無須在意。

03

交友其實是件很殘酷的事，比如曾經那個「化成灰」你都能認得出的人，如今化了個妝，你就不認得她是誰了！

不信你看，以前吵完架淚眼婆娑地鬧著要絕交，第二天見面的時候，抄一次作業、共吃一包零嘴就能和好如初。如今呢，明明沒有矛盾，卻連「再見」都沒說，就心照不宣地再也不見了。

甚至到最後，你們比陌生人還陌生，卻連一句「為什麼」都沒有問出口……最悲哀的事莫過於，曾經笑顏逐開的兩個人，到如今已經陌生到連是否要按讚都要反覆思量的地步。

如果說真誠是友情的保鮮膜，那麼有趣就是友情的防腐劑！

絕大多數人維繫友情的方式卻是這樣的：年齡越來越大，性子越來越寡淡，不熱衷於交際，卻擔心圈子太小；生活越來越平實，內心卻又偏愛折騰；偶爾也會想著要聚聚，在一起時卻又是在各自玩著手機……

所以，請你務必要珍惜那些主動找你說話，那些陪你聊天、逗你開心，甚至在你說了一句「嗯」之後依舊滔滔不絕的人，因為沒有誰會吃飽了撐著，來討好一個自己不在乎的人。

價值觀一致這種事情是強求不來的。這就好比是他能喝烈酒，那你就讓他自己去喝好了。千萬不要為了附和他，為了證明自己和他價值觀一致而挑戰自己的酒量極限。否則，喝最烈的酒唯一的後果是去最好的醫院。

交到一個有趣的朋友是什麼體驗？大概是，你能保全自己的本性，同時對生活有了更多的期待。

就是那個人好像懂你為什麼會把這件物品加入購物車，知道你為什麼要把一本小說讀八遍，也知道一起出門能逛哪些地方……那個人能把平淡的日子過出波瀾，能把身邊人的不快一掃而光，也能把快樂無限放大。

這一切，不是基於如數家珍的互相了解，而是你們對某一類東西都很感興趣，然後覺得彼此有趣；這一切，不是基於四平八穩的泛泛之交，而是你們認可對方身上的那些莫名其妙，然後覺得對方很可愛。

有趣，其實就是「臭味相投」。

希望有一天，你能和這個一本正經的世界擦出精彩絕倫的火花；也希望有生之年，你能幸運地成為別人冗長生命裡有趣的某某。

一個無趣的人遇見另一個無趣的人，
只會綑在一起爛掉；
而一個有趣的靈魂遇見另一個有趣的靈魂，
會因對方而熠熠生輝。

有趣的人就像是塵封的老酒，越相處越有味道。
而無趣的呢，就像是開了瓶蓋的可樂，
放到後來，一點氣都沒了。

最悲哀的事莫過於，曾經笑顏逐開的兩個人，
到如今已經陌生到連是否要按讚都要反覆思量的地步。

THEME 06

明明是遊手好閒，就別妄稱是文藝青年

01

小表弟發表了一篇貼文：「想做一條魚，不洗澡也不會髒，每七秒鐘就能擁有一個新世界，肚子胖到挺出來也很可愛，慵懶邋遢、好吃懶做，也不會感到難過。」

我的第一反應是：「喲，好文藝！」

但第二反應是：「你不就是懶嘛！」

小表弟已經二十四歲了，大學畢業一年多，身分還是一枚「待業青年」。家人介紹了七、八份工作給他，他都拒絕了，理由還很多：「離家太遠，大把好時光就會浪費在路上」、「薪水太少，我要到何年何月才能過自己想要的生活」、「單休[5]怎麼行？單休毫無生活樂趣可言」……

大家對他已經無計可施，誰找他聊天，他滿嘴都是「你說得對」、「是我的問題」、「是我做得不夠好」……可聊完了，他還是照舊不想工作，平日裡就是遛遛狗、逗逗貓、養養花草、泡泡茶，偶爾再作一、兩首詩，儼然一副退休老人的姿態。

點開表弟的社群動態，一股「文藝的潮味」撲面而來：配圖是清一色的「黑白調」，內容則幾乎全都散發著「憂傷的氣息」。比如「格桑花開了，開在對岸，看上去很美。看得見卻搆不著，搆不著也一樣的美」、「我想用縮小手電筒把思念變小，小到我再也看不見。用放大手電筒把心臟放大，大到足以抵抗一切憂傷」……

話裡話外就好像他的境界何其高遠、感情何其純粹似的。可實際呢，他連格桑花是什麼都沒弄明白，連戀人有沒有都存疑！

他錯把自己的遊手好閒同理想主義混為一談，以至於如果有人讓他做點什麼事情，

5 編註：每週休息一天，指星期日。

或者發生了什麼不如他意的事情，他就開始感慨生不逢時、懷才不遇，然後再發一次那句不知道發過多少遍的句子——「生活不只眼前的苟且，還有詩和遠方」。

要我說，像你這樣的人，生活不只有眼前的「夠嗆」，還有你讀三遍都讀不懂的詩意和八竿子都打不著的遠方。

你覺得「世界那麼大，也想去看看」，然後，你約了幾個朋友，翻山越嶺地出去了，最後找了一個風景秀麗的地方，幾個人就一起靜靜地坐著，玩起了手機！

你聽信了「一年之計在於春，一日之計在於晨」，於是起了個大早，準備認真地讀讀書。你首先喝完了咖啡，吃完了早餐，然後化了一個迷人的淡妝，最後美美地看書五分鐘，接著發動態自誇了兩個小時。

你也相信「書籍是人類進步的階梯，書籍是造就靈魂的工具」，然後，你在家裡準備了兩組很文藝的大書架，並且費心費力地找來了很多工藝品，擺上了整排的經典。只可惜，你讀書的進度遠遠追不上買書的速度！

對於親朋好友們提供的建議，你是「虛心接受，堅決不改」；對於擺在眼前的事和人，你是「不到非做不可的時候，能拖就拖；還過得去的關係，得過且過；不是命令的任務，能躲就躲」。

你把麻木當成了成熟，把無能為力過成了順其自然。最後，面對鏡子裡那個糟糕得像是「移動的災難」一樣的自己，你竟然也「無憂亦無懼」地忍了！

我再強調一次，無論怎樣，都別對歲月啊、命運啊心存幻想。因為歲月、命運一般不怎麼愛搭理遊手好閒的你，就算勉強搭理，它們也是「牆頭草」，今天告訴你「別急別急，你想要的，我都會給你」，明天你找它要的時候，它又跟你說「命裡有時終須有，命裡無時莫強求」。

02

經常聽人說，條條大路通羅馬。但還有一些人，就像是出生在羅馬！

Q就屬於「還有一些人」。但生在富貴人家的他從骨子裡就反感「遊手好閒」的生活。他本可以在老爸的大公司裡做個甩手掌櫃，過著浪蕩公子哥的安逸生活，可他偏偏選擇了自行創業，而且拒絕了家人任何形式的資助。

回想起來，在我與Q相識兩年多的時間裡，他幾乎沒有休過長假，參加聚會也是屈指可數，再加上頻繁地出差和沒完沒了的會議，他忙得就像是個「假的富二代」。可即便如此，當同齡人步入社會之後就精神萎靡、贅肉橫飛的時候，他卻依然是體態勻稱、風度翩翩。

關於忙碌和閒暇，Q的見解頗為獨到：「忙裡偷閒，才更加懂得清閒的樂趣。只有在工作堆積如山的時候，我們才可能說自己是在享受閒暇。當你一直是處於無事可做的狀態時，空閒就變得很無趣，因為空閒成了你需要忍受的事情，它遠比忙碌更磨人！」

細想一下，還真是這樣。

閒懶和戀人的吻一樣，只有當你發現它被人盜走了，才會更深刻地知曉它有多甜。人太閒了，就會胡思亂想，想多了就心慌意亂，這就是傳說中的「閒得慌」。而人心一慌，就會滋生出一堆臭毛病，比如矯情、敏感、雞毛蒜皮的事多，自己難受不說，周圍的人也要跟著遭殃。

更要命的是，一個人閒慣了，他稍微一努力，就以為是在拚命；稍微費點心，就覺得別人是在謀他的財、害他的命。這樣的人，終究是出不了成績、交不到朋友的。

很多人會說：「我就是喜歡這樣閒來無事的生活，人活著就是要做自己！」

嗯，你確實是不被意見左右，不在乎別人的眼光，並忠誠於內心，這很好。但是，不被意見左右，不等於工作學習隨心所欲；不在乎別人眼光，不等於說話不著調、做人不可靠；忠誠於內心，不等於遇事退縮。

真正的做自己是堅持自身優秀的、合理的部分，而不是落後的、不堪的部分。可是有太多人在說完「我要做自己」之後，就擺出一副「我懶我樂意，我窮我甘心」的姿態。這哪是做自己，分明是揍自己。

一個人想要成長，絕處也能逢生；可如果你要墮落，神仙也救不了你。

對於那些喜歡「閒」的人，有必要重提一下「人生的四大悲劇」這個話題，如今衍生了很多個版本。

比如，「窮得沒錢做壞事，熟得沒法做情侶，餓得不知吃什麼，睏得就是睡不著」。

比如，「久旱逢甘雨，一滴；他鄉遇故知，債主；洞房花燭夜，隔壁；金榜題名時，重名」。

再比如，「見識配不上年齡，容貌配不上矯情，收入配不上享用，能力配不上夢想」。

好擔心你看完這些，發現自己的人生有「十二大悲劇」。

記住了，人生的真相絕不是「萬事開頭難」，而是，開頭難，中間難，結尾也難。

所以，別再去勸說那些明知道前路坎坷卻依然執著前行的人了，你還真的以為他們是瞎子嗎？

03

電影《等風來》裡有一段經典臺詞：「出去演演遊客，村裡體驗一下生活，拜個佛留個影，您就頓悟了？那我要蹲在靜安寺磕上半年頭，是不是還能成活佛？還沒高調的資格呢，就嚷嚷著要低調；還沒活明白呢，就要去偽存真。這是一種最損己不利人的行為！」

那麼，為什麼那麼多人對「假裝文藝」這種損人不利己的行為樂此不疲呢？

答案很簡單，因為假裝文藝是成本最低的炫耀方式。尤其是在你尚且一無所有、人微言輕的時候，標榜個性、刻意表現出與眾不同來，無疑會顯得很獨特。因為活得沒有底氣、暫時看不到未來，於是只能傲嬌地喊著：「我就是我，是顏色不一樣的煙火。」

要想知道自己是真的文藝青年，還是遊手好閒，有一個特別簡單的檢驗方法：當你將拼布長裙換成T恤，將網路上收集的文章都刪了，將詩和遠方暫時忽略掉，然後斷開Wi-Fi和社交平臺，你看你還能不能發自真心地讚美眼前的生活，而不再依賴修圖軟體或各種濾鏡；再來看你能不能生動地表達出自己的感情和喜好，而不借助於網路摘文或格言警句；你看你能不能正視內心與現實的衝突，而非掩飾；你看你能不能活得有血肉有情義，而非一具空殼。

當你的能力是不可取代的時候，你的弱點才能被人忽視。同樣的道理，當你的本事到了優於常人的地步時，你的文藝生活才能被人真正地關注並推崇。

你學別人說「一切都是最好的安排，失去鐵斧，神明會給你金斧；吃了毒蘋果，會等來王子一個吻」。可實際上，若失去了鐵斧，你就得去徒手劈木頭；吃了毒蘋果，你得去洗胃。

真正的文藝是，看起來無所事事，實際上無所不能。

同樣是讀書，真文藝的人是發自內心地喜歡某本書，並且能讀出書中的趣味來，甚至有可能「學以致用」。而假文藝只是將書當成表演的道具。

同樣是講情懷，真文藝的人有讓情懷實現的具體規劃、具體途徑，以及付諸實踐的努力和勇氣。而假文藝是將情懷當成表演的旁白。

同樣是嚮往詩意和遠方，真文藝的人往往是腳踏實地為自己找到抵達遠方的方法，並在當下生活中不斷反思、不斷沉澱智慧、不斷累積，並且有隨時去遠方的本錢和條件。而假文藝是將詩意和遠方當成了表演的臺詞。

所以，拜託你別再逢人就擺出一副「我很文藝、我很賢慧」的姿態了，你呀，壓根就是「閒得什麼都不會」！

真正的文藝是，
看起來無所事事，實際上無所不能。

你把麻木當成了成熟，
把無能為力過成了順其自然。
最後，面對鏡子裡那個糟糕得像是
「移動的災難」一樣的自己，
你竟然也「無憂亦無懼」地忍了！

真正的做自己是堅持自身優秀的、合理的部分，
而不是落後的、不堪的部分。

閒懶和戀人的吻一樣，
只有當你發現它被人盜走了，
才會更深刻地知曉它有多甜。

THEME 07

不要和消耗你的人在一起，也不要成為消耗別人的人

01

情人節是撒「狗糧」的好時節，可偏偏在這一天，慧子PO出了分手信。她的配圖文字是一句英文：「Yesterday, you said tomorrow.」看得出來，她捨不得。

慧子曾是學校文藝部的副部長，追求她的人很多，但到目前為止，她只談過一場戀愛。這場戀情是從大四開始的。

大四是一個奇怪的戀愛季節，有很多人在忙著分手，另有一大批人在忙著示愛，追求慧子的男生屬於後者。

當時的慧子以交換生身分被學校安排前往英國某大學學習。在半年時間裡，這個男生開啟了瘋狂地傳早安和晚安的模式，而且全部都換算成倫敦時間。慧子早上一睜眼，打開手機就是暖心的「早安，現在是北京時間下午兩點十分」；她要睡了，男生馬上就會對她說「晚安，現在是北京時間凌晨五點四十」。慧子的所有社群平臺貼文，他都會一一按讚；然後私訊她，說一些平日裡的見聞和趣事……

就這樣，兩個人順其自然地談起了「越洋戀愛」。

當慧子返回學校時，已經是畢業前夕，男生信誓旦旦地承諾道：「工作兩年我就買房子，然後娶你！」就是這張「空頭支票」，卻讓慧子鐵了心：「這輩子非他不嫁。」

然而，在畢業之後的四百多天裡，男生換了七份工作，至今依舊是不穩定的狀態。且不說沒有買房子的能力，連養活自己都成了問題。慧子很著急，她急的不是物質條件不好，而是「娶你」的承諾被無限期擱置。

除了對工作沒熱情，男生對慧子的熱情也日趨冷淡：以前的「晚安」變成了「倒頭就睡」，以前的「驚喜」變成了「講理」，以前的「哄」變成了「轟」……

另一方面，他和其他女生勾勾搭搭的事，像花邊新聞一樣經由朋友們之口傳到了慧子那裡，再加上社群平臺上的曖昧留言，慧子心裡的無名火呈現出燎原之勢。她需要他自證清白的解釋，但他能給的永遠是「你要這麼想，我也沒辦法」。

我私訊問慧子：「你什麼時候覺察到你們走不下去了？」

她說：「當我發現回我訊息的速度，從秒回變成了輪迴！」

我嗆聲道：「你們戀愛三十多天的時候，他差不多就是這德行了吧？如今都三、四百天了，你居然還說這種不可靠的理由？」

她回覆我：「其實我是昨天晚上才想明白的。在故事的最開始其實就有問題，我以為他是自己人生裡最不能錯失的那個唯一，但到現在才沮喪地發現，他不是非我不娶，我不是非他不嫁，這只是個傷人的誤會罷了。」

她又補充道：「我還明白了，**他愛我是真的，他喜歡別人也是真的。他的感情就像是不限量的商場傳單，經過的人都人手一份，並非單獨給我一個人的。**」

原來，一個晚上可以想明白這麼多，可偏偏世人總是喜歡馬上做決定，又或者遲遲不能下決定，以至於不是荒謬地選錯，就是猶猶豫豫地受盡折磨。

一段戀愛關係中，愛得深的那個人特別容易陷在愛情裡，一邊念念不忘，一邊又無能為力。在這個僵持的過程中，占有欲會使你變得狹隘，控制欲會讓你變得自私，「疑神疑鬼病」會喚醒你敏感的神經……讓你在這份愛裡變得越來越不像自己，越來越像個神經病。

你不僅喪失了愛一個人、信任一個人的能力，同時還因為太過用力地愛而失去了你自己。

你寧願錯，也不願錯過。

結果呢？你心有所屬，卻無處安放；他愛得不夠，還藉口多多。

比起受困於一個漏洞百出的誓言而隱忍地一個人苦苦堅守，灑脫鬆手才是度過這場劫難的唯一方式；比起為了遮掩千瘡百孔的愛情而自我犧牲式地維持一個幸福的假象，豁達分手才是真正地放彼此一條生路。

我的建議是，去找個理由，重新開始；也找個藉口，到此為止。

如果說，你的快樂人生是一部跌宕起伏的連續劇，那麼那個他，不過就是某一集開始之前的彈出式廣告而已。不必念念不忘，趁這個空隙，去一趟洗手間吧。

還是那句話：**所有不再鍾情的戀人、漸行漸遠的朋友、不相為謀的知己，都是當初**

你自茫茫人海中獨獨看到的他，如今，你只須再將他好好地還回人海中。如此，而已。

02

有人喜歡用這樣的句子來安慰自己：「命運要你成長的時候，總會安排一些讓你不順心的人或事刺激你。這是規律。」

但有時候又難免會疑惑：這刺激的頻率會不會太高了點？

曾經頻繁刺激我的這位，暫且叫他Z。

Z是我前公司的企劃主管，那時候的我剛大學畢業，對這樣的前輩自然是言聽計從。但相處了一個星期，我就被他「打敗」了。

比如他在電話裡指示我修改某句話，幾秒鐘就能說明白的事情，他每次都能說上半個小時。如果換成是我提建議，他總是在我陳述結束五秒鐘之後才緩過神來，再補上一句：「啊，你剛才說了什麼？」

他是前輩，我是後進，這樣的「待遇」倒也還能忍，可怕的是，平時閒聊的話題，他總要爭個對錯輸贏。「伊拉克戰爭該不該打？」、「聲控燈有沒有發揮節能的作用？」、「公司新配的電腦好不好看？」類似這樣本該是各抒己見的事，他都要跟你較真到底。

更可怕的是，我永遠不知道在什麼時候、因為哪句話就啟動了他的「戰鬥模式」。到末了，我就這樣反思：「嗯，都是我的錯，我長個嘴巴就不應該說話，我就不該出現在他的面前，搶他的氧氣！」

Z還是整個公司的「鬼見愁」。除了工作上難以相處之外，每逢聚餐，他還要讓每個人向他敬酒，然後聽他說一段生硬又俗套的祝酒詞，這頓飯才算真正開始。若是誰不敬他的酒，或者忘記了這個環節，那麼他能在酒桌上擺出兩、三個小時的臭臉！

原來，有些人出現在我們的生命裡，就是為了證明世界之大，無奇不有。

交往不求心有靈犀，但求不要浪費彼此的時間和精力。可我們周圍總是有這樣「以殺死別人的腦細胞為己任」的人。

說自己的事情時滔滔不絕，巴不得把每個細節情境再現三遍，可輪到你講自己的事情時，他不是在玩手機，就是在打哈欠，就好像他不是在和你交流，而是在瀏覽最無聊的網頁。

應允你的倡議時比誰都快，滿口的「行行行」，可一轉身，不是在接電話就是在找手機，全程一副忙得冒煙的狀態。你苦等了三個月，再去問他為什麼沒有兌現時，他委屈得就像是你故意栽贓他一樣。

陪你聊天時態度十分熱情，討論的場面也是熱火朝天，各種合作建議、各種暢想未來，但聊著聊著，就發現聊的根本不是一回事，就像是，你說馬鈴薯堆裡放個蘋果可以降低馬鈴薯發芽的機率，而他說炒馬鈴薯絲加醋更好吃！

一輩子很長，如果不快樂，那就更長了。

所以，不論是交朋友、做合作、談戀愛，一定要優先選擇那些相處不累的人。

我大致將相處不累的人分成了三類：一是EQ、智商雙高的人，你說開頭，他馬上就能領會，一點就通；二是誠心誠意的人，你可以放心地表達，不用費盡心機，也不必小心提防；三是直截了當的人，他待人處事很直白，說話交流都是直奔主題。

跟這三類人交往、合作或者戀愛，都會讓你無比舒服，既能大幅地降低時間成本，也不會影響你的心情。

嗯，少浪費時間跟人拉扯，多花點時間在努力進步上，然後盡快地擺脫他們！共勉！

03

不要和那些消耗你的人在一起，當然也不能去做一個消耗別人的人。

你的朋友是英語系畢業的的高材生，前不久還陪老闆出訪了國際大公司，當了全程的同步翻譯。你家孩子需要補習英語，而且正在找補習班。這個時候，就不要厚臉皮地找朋友教了，除非他有辦補習班的意願，除非你願意支付與他的專業水準相匹配的酬勞，除非，你一點都不怕失去這個朋友……

你的大學同學是個出色的攝影師，前不久還辦了自己的個人攝影展，其中還有兩幅被市立博物館收藏了。你家辦大喜事，缺個攝影師錄影。這個時候，就別不知輕重地去找他幫忙了，除非他的工作室有類似的拍攝業務，除非你肯支付與他資歷相當的勞務費用，除非你一點都不擔心他與你漸行漸遠……

你的同事是個很不錯的業餘插畫師，在繁重的工作之外，他會幫一些雜誌和網站畫插圖。你有個呆萌的女朋友，喜歡萌萌的插畫，成天讓你去幫她找類似的圖片，以便她發文。這個時候，就不要輕易找他開口了，除非他有將圖片發表到網路上的意願，除非你的女朋友肯有償使用這些圖片，除非你根本就無所謂他對你的態度……

這些人是很有才華、能力、價值，你的那些請求、要求和勉強，在他們的面前確實也算是「小事一樁」。但再小的忙也是需要他們花費時間、精力和耐心的。

沒有誰的時間多到可以隨便浪費，也沒有誰的本事大到可以眨眨眼就完成你「安排」的任務。

幫你，是別人心地善良；不幫，也是理所應當。

功利世界往往是這樣的：每個人都看似好惹、好麻煩。但實際上，他的心裡會有一個額度，你麻煩他一次，就用掉一些。但這個額度不會設置簡訊提醒，也沒有催繳電話，當你的額度用完了，他就會馬上把你停機，一點解釋都不給！

就算你有幸透過解釋、道歉、厚臉皮的方式挽救回來，就算你們還有可能互稱「朋友」，但你該明白：**和好容易，如初太難！**

最後給大家一個善意的提醒：只要你不跟猶猶豫豫的膽小鬼一起做冒險的事，不和斤斤計較的小氣鬼談錢，不在心胸狹隘的人面前表現自己，不和固執己見的人一較高低，不跟是老闆的人比誰說了算，那你幾乎就避開了人世間百分之九十的麻煩。

在故事的最開始其實就有問題，
我以為他是自己人生裡
最不能錯失的那個唯一。

可偏偏世人總是喜歡馬上做決定，
又或者遲遲不能下決定，
以至於不是荒謬地選錯，
就是猶猶豫豫地受盡折磨。

一輩子很長，
如果不快樂，那就更長了。

THEME 08

你是在旅行，還是在浪費生命

01

五一勞動節假期才過了半個月，江大小姐就在群組裡吐槽：「唉，感覺生活太沒意思了，工作無聊、週末無聊、吃飯無聊、睡覺無聊，做什麼都沒意思，每天活著簡直是生無可戀啊！」

有人為她出點子：「那你去旅遊吧，活化一下自己，不是有人說了『沒有什麼事情是旅遊搞定不了的』嗎？」

江大小姐說：「五一假期才去過，四天遊了江南五省，然而並沒有什麼用啊！」

見沒人接她的話，她又補了一句：「我多年的經驗總結是，旅行就是從自己活膩的地方跑到別人活膩的地方，純屬瞎忙！」

我認識的江大小姐其實是個不怕折騰的人，公司裡「世界那麼大，我想去看看」喊得最凶的是她，假期出遠門旅行次數最頻繁的是她，但每次旅行回來，喊無聊、說沒意思，抱怨旅行社最多的依然是她。

為了圖省事，她用「滿心期待」去替代「仔細規劃」，然後選擇了不用動腦筋的「跟團旅行」；為了貪便宜，她以「價格優先」替代了「精品路線」，所以選的是那種實惠的「秒殺旅行團」。結果，四天的行程，兩天是在坐車，而且每天都得換飯店，每個景點停留不超過一個半小時，每一頓飯都是吃拼桌的合菜，每個航班的起降都在凌晨……

這樣的後果自然是：進飯店倒頭就睡，到地方趕忙亂拍，回到家就猛吐槽。

本來是希望用旅行來增進親友之間的情感，結果路途中聊了三句就覺得膩煩，稍有意見不合還會小小地冷戰一番；本來希望用旅行來活化自己，結果剛出門就覺得累了，只想趕緊回飯店裡玩手機；除了想早點回家之外，就剩欲哭無淚了。

在很多人眼裡，旅行的功效，簡直能夠媲美仙丹，就好像用它來治癒「生無可戀症」和「懶病」等生活頑疾指日可待。於是，各種旅行廣告不絕於耳：「年輕，用旅行增加閱歷」、「單身，去羅馬尋找緣分」、「男人，要有顆自駕環遊世界的心」、「精緻會生活的女人，一年飛三次巴塞隆納」……

這些夾雜著欲望的聲聲召喚以極其不負責任的方式，讓困頓的男男女女們對「說走就走的旅行」充滿了渴望，於是你一次一次地乘興而去，又一次一次地敗興而歸！

等到夢醒時分才發現，除了一地雞毛，無聊的生活並沒有絲毫改觀！

我想提醒你的是，一萬次旅行也拯救不了平庸無聊的你。不要天真地想著透過旅行來改變自己的狀態，能改變你的，不是風景，而是經歷。

旅行箱不是百寶箱，解決不了你渾身上下透著「腐朽味」的問題；旅程中也沒有萬能鑰匙，打不開你那已經生銹了的腦洞。

在我們周圍，覺得日子過得沒意思的人實在是太多了，而想著透過旅行來改變生活的人也是不計其數。這至少說明了兩件事：一是能把日子過得有趣，確實很不容易；二是能把平常日子過得風生水起的，大多是天賦異稟之人。

無趣的人才會在那些文化古蹟上刻著千篇一律的「某某某到此一遊」，而會玩的人則會找間舒適小店，挑一張雅致的明信片，送給中意的某某，背面寫上：「某年某月某日，下午某時，天氣晴，我在某地，想念你。」

無趣的人才會將棕櫚海灘生活、雨林冒險當成是擊退無聊的唯一出路；有趣的人卻能從三五好友的談吐中、新開的臨街小店裡找到快樂的驗證碼！

真正鮮活的人生，一定是生根發芽於尋常光景，同時開花結果於平淡日常。

真正鮮活的人生，不是非得用「詩和遠方」來堆砌，它既囿於廚房，也在山川湖海；它既能在日常的瑣碎裡自在歡喜，也能在水泥森林中幽幽地開出花來。

02

中國式解決問題的名言警句很多，比如「為了孩子」、「大過年的」、「給個面子」、「都不容易」……但最讓我敬佩的是「來都來了」。

想像一下，你和幾個好友去度假村閒逛，本來是以「放鬆身心，呼吸新鮮空氣」為目的，結果在去的路上看見了一連串廣告，說度假村馬上要舉辦一場音樂節，來了幾個你沒聽說過的藝人。於是你們幾個就興致勃勃地走了八公里路。

到現場才發現：排隊入場的隊伍超出了三公里，礦泉水三十元人民幣一瓶，同時公共廁所在五公里之外。你覺得沒什麼看頭，準備走的時候，你的朋友來了一句「來都來了，去看看吧」。

於是，你們一人買了一瓶礦泉水，小口小口地潤著喉嚨，怕喝多了上廁所麻煩；你們在一群狂熱的粉絲堆裡忍受著刺耳的音樂和根本接受不了的嘶吼……

想像一下，你抱著「盡孝心」的心態，週末想陪著家人來個一日遊，聽說最近有個新開發的旅遊景點，一家人聽了都很滿意，也都滿心期待著。

但到了目的地一看：油漆還沒乾透，安全設施也很不完善，吃住都有著同一個特點——既貴又有裝修味。你覺得這裡不行，想再換個地點，準備發動車的時候，你媽來了一句「來都來了，去轉轉吧」。

於是，你們捏著鼻子、小心翼翼地邊逛邊玩；你們花著遠高於市場價格的食宿費，吃著跟路邊攤同個味道的「特色菜餚」……

再想像一下，你上個月剛結婚，此時正和另一半在塞班島的沙灘邊閒逛，偶遇了一排紀念品商店。你本來是想為爸媽或好友挑點紀念品，你的另一半是想著為這次蜜月之旅留點紀念。

可走進商店裡一看：有帶著明顯工業批發感的假珊瑚擺飾，有用貝殼做的奇醜無比各式手鍊，有各種不知道放了多少色素、糖精的蜜餞和牛奶糖……你什麼都不想買，但這時候，你的另一半說了句：「來都來了，怎麼也得買點啊！」

於是，你們倆帶著一種「既然來了就別浪費機會」的使命感，選了一堆奇醜無比的貝殼和連嚐一嚐都沒有欲望的糖果……

你看，「來都來了」就像是一個魔咒。只要有人對你說出這四個字，你就能中邪般地拿出錢包，去最騙人的景點、爬最無聊的山頭、吃最沒特色的招牌菜、買最沒紀念價值的紀念品……

唉，攔都攔不住！

一個不爭的事實是，你沒有目的、缺少規劃，就越容易聽信那句「來都來了，進去看看吧」。

「總不能白跑一趟啊，看了總比不看值」、「總不能讓人笑話啊，怎麼樣都得裝出玩得好爽的樣子」……這樣又懶又要面子的心理成全了一大堆「旅遊景點」。只要隨便弄幾塊大石頭、栽幾棵歪脖樹，就可以笑呵呵地坐著等你交出門票錢。

人生啊，確實是一場修行，剛開始你總覺得是這個世界欠修理，後來才明白，欠修理的其實是你自己。

03

幾乎所有人都自稱愛旅行，卻鮮有人想過為什麼要旅行。

旅行社的客服可能會說「旅行是為了療癒自己」；心靈大師可能會說「旅行是為了補齊自己殘缺的靈魂」；文章寫手可能會說「旅行是為了遇見另一個自己」；媽媽可能會說「旅行是為了花光錢」。

嗯，都對。

可是，當你對歐洲歷史一無所知、對導遊解說不知所云時，羅浮宮又如何能夠療癒得了你？

當你萬念俱灰、心灰意懶地奔襲到巴黎、塞納河和艾菲爾鐵塔時，又該拿什麼來補齊你那千瘡百孔的靈魂？

當你在曼谷大皇宮的宮殿內依然焦躁地為未了的工作煩心，你怎麼可能會遇見另一個自己？

這樣的旅行，恐怕媽媽的答案才是最對的——它就是為了花光錢而已。

有太多的人，他們的護照上蓋了幾十個國家的戳章，卻照樣說話無聊、思想僵硬、格局狹隘；他們看過蒙娜麗莎的微笑、見過大衛的腹肌，也在競技場中間號叫過，但他們最關心的事情不是這些，而是去採買許諾親朋好友的代購清單。

他們飄洋過海地去到另一個國度，坐十幾個小時的飛機只是為了拍幾張能夠發到社群媒體的照片，然後回飯店裡煮一碗從祖國千里迢迢背來的泡麵；他們參加各類的跟團旅行，什麼「歐洲十一國十日遊」、「江南五省四日遊」……除了把自己累趴，幾乎沒有任何收穫。

既然你知道「誰賺錢都不容易」，怎麼就甘心把大把大把的錢幣送給航空公司，贈給那些在流水線裡生產出來的飯店大床？難道你真的情願拿出那麼多的錢和縮在經濟艙裡發麻的腿腳，來換取貼文的幾十個讚？

真正有意義的旅行應該是這樣的：首先，你應該找到自己需要的旅遊路線，這條路線是你嚮往的，是你消費得起的，是你深入了解並做出了規劃、研究的，是帶著目的和問題的；其次，應該找到適合這次旅行的同伴，他可以是你的戀人、朋友，可以是你的家人、孩子，也可以是自己一個人，但都必須對這段行程充滿嚮往，並做了精心準備；第三，也是最關鍵的，你得把未完待續的工作、糾纏不清的感情和斤斤計較的性格等，都暫時放在家裡，用一顆愉悅的、輕鬆的心去享受一段陌生的、新鮮的旅程，去感受它的奇妙與美好。

當然了，出門旅行，花的是你的錢、你的時間，你高興就好，你覺得值得就行。

我只是比較擔心，怕你哪天突然清醒，發現自己不是在旅行，而是在浪費生命；怕你勞心勞力帶回的那些劣質的紀念品和千篇一律的旅行照，會齜牙咧嘴地笑話你：「是不是傻？」

真正鮮活的人生，不是非得用「詩和遠方」來堆砌，
它既囿於廚房，也在山川湖海；
它既能在日常的瑣碎裡自在歡喜，
也能在水泥森林中幽幽地開出花來。

人生啊，
確實是一場修行，
剛開始你總覺得是這個世界欠修理，
後來才明白，
欠修理的其實是你自己。

THEME 09

做你的朋友，使用者體驗真差

01

我見過許多有酒癮、有菸癮、有網癮的人，其中我還認識一個「說謊成癮」的人，暫且叫她Q小姐吧。

買東西，Q就喜歡謊報價格。買了一本筆記本，標籤寫著三十五人民幣，她張嘴就說「花了一百多」；買了雙NIKE鞋，標價明明是八百八人民幣，她非要說成是「一千多」；換了部新手機，原價也就三千人民幣，她偏要說成「五千」。就好像她買的都是限量版、都是特別版，所以要貴一些似的。

聊天，她就喜歡高談闊論地說一些她的精彩旅程或者非凡經歷。但聊的次數多了，我們就發現，她只是將一些看過的文章、聽來的故事當成她自己發生的事，而那些文章、故事在社群媒體裡早已氾濫。就好像別人都不上網、滑手機一樣。

談戀愛，她就喜歡誇大其詞。明明是個油嘴滑舌的男生，她卻讚美他是「郭富城第二」；明明就是鄰省的，她卻臉不紅、心不跳地描述成「在國外留學」。就好像她已經穿越到了戰國時期，所以有點能說會道的本事就等於是王公貴族家的幕僚，所以鄰省等於鄰國。

我們習慣了她的謊話連篇，所以每次都會很配合地回覆她：「哦。」

某週末，一個朋友經過我所在的城市，要停留三、四個小時，就臨時決定約大家出來聚聚。我一拍胸脯：「沒問題，我來聯繫大家。」

然後，我就傳訊息問了另一個朋友以及Q小姐，那個朋友是這樣回覆我的：「我正和Q在郊區看梨花，現在趕回去，大概是來不及了。」然後發了一張Q小姐擺拍的照片給我，以示是真的。

大約過了十秒鐘，Q也回了我：「我正加班呢，老闆派了一堆工作給我，實在是走不開。」我沒有回覆她，而是「信」了她。

我當時的內心獨白是：你都好意思撒謊，我不好意思不信。

人之所以愛撒謊，其內心戲無非是：我要非常非常用力地掩飾真相，才足以降低因拒絕別人而產生的敵意，因失信於人而產生的惡果，才足以表現自己的無害與純良。

於是，曾經一句假話就面紅耳赤的人，如今謊言蔓延著全身都可以不動聲色。

但我想拜託一下：「撒謊的時候，能不能別讓我這麼快就知道真相？」

朋友打來電話問你「在哪裡」或者「在做什麼」，你明明是躺在沙發上打瞌睡、看電視，又或者無所事事，明明可以輕鬆地回答一句「在家呢」，可卻在內心上演了一幕五十集的電視連續劇：「他會不會是要找我幫忙？」、「他會不會是要找我借車？」末了，你脫口而出：「在外面呢。」

約定的聚會早就承諾要參加，可突然就犯了懶，只好用「我臨時要加班」、「家裡臨時有事要處理」、「身體有恙」之類的藉口搪塞。

又或者，明明是在床上沒起來，就說「正準備出門呢」；明明是在「對鏡貼花黃」，偏要說「在路上塞車呢」……

要我說，對自己的親朋好友撒謊算什麼大本事，你要是能一輩子自欺欺人，那才是真的了不得！

有人曾杜撰過一份邀請函，邀請大家加入「說謊會」，以此來諷刺某些人「說謊」的理由：「巧於說謊的人有最大的幸福，因為會說謊就是智慧。一天之內，要是不說許多謊話，得打多少回架；夫妻之間，不說謊怎能平安地度過十二小時。我們的良心永遠不會譴責我們在情話情書裡所寫的——一片謊言！」

這些廉價且頻繁的謊言看似解決了你不守信、不守時的人品問題，看似是掩蓋了你「愛慕虛榮、自視清高」的人格缺陷，其實只不過是你在自欺欺人罷了。其實，你是吃了大虧，你正在一步步地失去為人處世的原則。

記住了，在你準備撒謊的那一秒，實際上就給了別人討厭你、不原諒你的全部理由！

02

大華是我的同行，我們經常在一起吐槽出版界的事情。前兩天，他點名聲討陳果。

陳果是某出版單位的副主編，四十多歲，愛用成語、歇後語，然而經常用錯。

第一次見陳果，他就得罪大華了。那次是為了談新書合作的事情，結果陳果看完稿子之後，頭一句就是：「這位小夥子，真是人不可貌相啊！」

大華驚呼：「What？」

坐在陳果旁邊的編輯趕忙解釋道：「陳主編是誇你年紀輕輕就寫出這麼好的稿子。」

隨著後來交往的次數多了，大華封鎖陳果的衝動與日俱增！

比如大華的新書上市了，他就從書名到封面，每個元素都批評一下，結論是，這本書要是讓他做行銷，銷量肯定能比現在強好幾倍。可在這本書上市之前，大華曾特地請教過他，陳果當時的評價是「都非常好」。

比如他找大華聊某個話題的時候，他習慣性地獨自發言了近六十分鐘，但輪到大華開口的時候，他就隨便找個什麼理由打斷了，然後，補上一句「我們下次再聊」。

比如他出了某本新書，希望大華寫一篇推薦序，大華每次都是如期如質地完成，可輪到大華的新書請他寫推薦序時，他要麼是拖著，要麼是忘了，就好像患有「間歇性失憶症」似的。

我問大華：「然後呢？」

大華回答說：「然後他每次都會批評我的新書，每次都是自顧自地講六十分鐘，每次都會找我幫忙寫推薦序……」

我笑著說：「這就對了。你每次都這麼好說話，他自然是每次都這麼好意思了。」

其實我想說的是，醜話你不敢說在前頭，煩心事自然就跟在你後頭。

有的人就是行走著的「負能量包」，碰見誰就惹誰，你知道他是這副德行，你知道自己很討厭他，可你忍了！

有的人就是習慣於占便宜，他需要幫忙的時候，你必須是隨叫隨到；你需要幫助的時候，他就銷聲匿跡了。你很反感他，可絲毫不耽誤你繼續慣著他。

有人骨子裡就喜歡以自我為中心，他講話的時候，你必須要認真聽；你才說了三句半，他已經打了五個哈欠……你接受不了這樣的聊天方式，可下次他找你，你還是屁顛屁顛地去了。

忙可以幫，但不是承包下來。否則「幫忙」這件事就變成了「你該做的」事。

作家劉震雲在《一地雞毛》裡給出了人際交往中功利又務實的建議：「能幫忙，先說不能幫忙；好辦，先說不好辦，這才會成熟。不幫忙、不好辦最後幫忙辦成了，人家才感激你；一開始就滿口答應，如果中間出了岔子沒辦成，本來答應人家，最後沒辦成，反倒落人家埋怨。」

與人交往，強調有來有往，而不是一方無限地付出，另一方無休止地占便宜。與其這樣勉為其難地維繫著隨時就翻的友誼小船，不如任由它翻掉好了。然後將自己有限的好，送給相處舒服的另一艘船！

與人交往，要有原則和底線，因為一旦越了界、超了線，友誼就不再單純，它就會成為一個需要提防、需要警戒、需要權衡，最後不歡而散的彆扭遊戲。

我的建議是，就算你運氣好，結識了某個能幫你的人，也請你不要馬上就開口提要求。那樣做，多半只會斷送一段可能的友誼而已。

再有本事的人，也是有血有淚的人，需要被關心、被肯定、被當成朋友，而不是被當作一輛沒血沒肉的大車，沒事就運送一個擺明了只想搭便車的人。

人與人之間，還是見外一點好。

如此一來，他日江湖再相逢，你若稱讚我「一表人才，才高八斗」，我就回你一句「別來無恙，萬壽無疆」。

03

交朋友，最幸運的就是交到一個價值觀一致的朋友。

價值觀一致並不是你們的想法、觀念、生活完全一樣，而是「你很正經，但你還是願意聽我胡說八道；我很傳統，但我依然能欣賞你的特立獨行」。

價值觀一致的表現是：你喜歡有情調的法式大餐，他喜歡路邊攤的啤酒串燒，但你理解「喝著啤酒吃串燒的爽快」，他也願意享受法式大餐的浪漫與奢華。所以你們邀約對方，都願意奉陪到底。

你喜歡說走就走的旅行，他偏好於宅在家裡看書，但你理解「宅在家裡」的安逸與清閒，也相信「書中自有黃金屋」；他羨慕你「行萬里路」的瀟灑與炫酷，也欣賞你「說走就走」的衝勁。所以你們聊起各自的假期，都樂意傾吐和傾聽。

你們都懂得，這個世界上沒有絕對的對錯優劣，你們相信世界是因為「不同」才多姿多彩的，因此願意接受不同的生活方式和生存理念。

在這個「一言不合就開戰」的時代，遇見一個價值觀一致的人，堪稱是人生的幸事！

友情是兩顆心的真誠相待，而非一顆心對另一顆心的碾壓！

價值觀不合的表現是：你為了健身辦了一張健身房的ＶＩＰ卡，每天運動一個小時，塑身效果顯著，就想著邀他一起，結果他認定你是「有錢無處花」。

你為了升職而努力學習、踏實打拚，逐漸在職場上有了起色，你就勸他也積極向上一些，結果他認為你是「借人上位」。

你為了去看看外面的世界就努力賺錢、存錢，然後見識了世界的繁華，就勸他也出門看看，結果他覺得「風景不都是一個模樣」，並且覺得你是「假裝文藝」，是「花錢買罪受」。

價值觀不合，就沒必要把對方請到生命中來供著。硬把兩個價值觀不合的人捆綁在一起做朋友，是一件讓雙方都痛苦的事。一個要裝作很厲害的樣子，而另一個要強忍著討厭！

價值觀不合的朋友多了，越吵鬧，只會越孤獨！

聊不下去就不聊。你又不是大街上那個算卦的，聊不出那麼多他愛聽的話。

人之所以愛撒謊，其內心戲無非是：
我要非常非常用力地掩飾真相，
才足以降低因拒絕別人而產生的敵意，
因失信於人而產生的惡果，
才足以表現自己的無害與純良。

醜話你不敢說在前頭，
煩心事自然就跟在你後頭。

THEME 10

一顆陰鬱的心，撐不起一張明媚的臉

01

虹小姐在社交媒體上開啟了「發牢騷」模式，她一連PO了二十多則貼文，並且都附上了「穿著家居服、勤懇持家」時的自拍照。

在貼文裡，她數落老公越來越無趣，說當初追求她的那個男人是個「抒情詩人」，睡覺前的晚安、早起時的早安，都能附上一兩句情詩，平常的紀念日，他一個都不會落下。如今的他，下班就癱坐在沙發上玩手機，坐等晚飯不說，還要求晚餐的標準內容是「三菜一湯，有葷有素」。

她抱怨老公越來越懶，當初追求她的那個男人是個「生活小能手」，繡花、剪紙樣樣精通，煲湯、燒菜信手拈來，不時還會研究幾個新菜色。如今卻像個「大爺」——衣來伸手，飯來張口。這還不算什麼，他還對她的穿著打扮挑三揀四，今天嫌胖了，明天嫌沒化妝，帶自己參加聚會的頻率也是越來越低。

當然了，貼文裡少不了「自憐」的成分，比如，她為了陪老公，推掉了無數的聚會；為了做上一頓好吃的，她在滿是油煙的廚房裡研究食譜；為了讓老公有一個乾淨的環境，她一遍又一遍地打掃家裡的每個角落……

虹小姐是比我大兩屆的學姐，雖算不上校花，但也絕對算得上「美女」等級。如今她已經結婚兩年多了，生活從戀愛之初的熱熱鬧鬧、多姿多彩，變成了後來的千篇一律、一潭死水。

就在我看她的貼文時，她私訊我：「老楊，我有點懷疑，當初是不是選錯了人？」

我沒有回答她的問題，而是反問她：「你有多久沒有健身了？有多久沒有認真地化一次妝了？有多久沒有買當季的衣服和飾品了？」

她回我：「這些有什麼關係？我對他好，也為這個家付出了全部，這難道還不夠讓他對我好嗎？」

我說：「如果你抱怨自己的另一半變了，變得不像從前那樣用心地對待你。那你首先要反思『自己是不是過早地放棄了曾經那個光鮮亮麗的自己』，而不是一味地要求對方保持原樣！因為他曾經十分珍愛的那個美麗小姐不見了，因為你曾經精心呵護的那個臭美的自己，也不見了。」

我其實更想說的是，**一顆陰鬱的心撐不起一張明媚的臉，你如今的這副尊容，只適合小圖瀏覽！**

很多女生不太理解：「為什麼我把整個人生都押給你了，把全部的時間都交給家庭了，你卻越來越冷淡了，還對我那麼挑三揀四？」

是愛情枯萎了？是時間太冷酷了？是第三者？要我說，都不是。最主要的原因是你不再用心對待自己了。你把時間和精力百分百地用在了「責任、義務，孩子、老人」上；你不再有「等著去約會的心思」，也不再願意為了他而「浪費時間」打扮自己。你能夠看到的，只有對方的疲憊、脆弱、無趣和沉悶。

只是你別忘了，你把最美的一面遺落在了過去，那他自然會把全部的「用心」轉移到工作、手機和應酬上。

你用一副隨隨便便的妝容、一種粗製濫造的生活態度來「接待」他，那他自然會給你一個馬馬虎虎的回饋、一個不鹹不淡的回應。

沒有誰有義務，必須透過你邋裡邋遢的外表去發現你優秀的內在；也沒有人有耐心，對著一副披頭散髮、空洞無聊的皮囊去兌現許過的海誓山盟。

換言之，外面的燈紅酒綠和你的生活沒有多大關係，**這世界上也沒有什麼第三者，無趣的、邋遢的你才是最大的第三者**。

我的建議是，你必須要乾乾淨淨、整整齊齊，甚至是精緻有加、光彩奪目。這不是討好，更不是什麼大男人主義，而是你生而為人的尊嚴，是讓愛情保鮮的基礎，它不分男女，也不分老少。

從最初的「願意為你……」變成了後來的「要求你……」這中間的距離，就是「心甘情願」與「迫不得已」的差距，也是「光彩照人」與「不修邊幅」的差距。

不管怎樣，永遠不要蓬頭垢面地面對這個世界，你那麼、那麼孬，難道還想讓世界為你堆滿笑容？

02

Y先生是我在火車上認識的瘦高個子大叔，他自稱是「背包客」，但與我印象中的那些背包客不同，他看起來更像是個商務人士，西裝革履，外加一條藍色領帶，乾淨的皮質旅行箱就擱在我那個灰頭土臉的箱子旁邊，顯得格外刺眼。若不是後面六、七個小時的閒談，我會懷疑他的「自稱」是胡說八道。

後來，他滔滔不絕地講著他爬過的名山大川，並順手展示了他拍的絕美照片……只是，我信了他的身分，卻對他的穿著打扮十分不解。

我問他：「你這一身打扮，更像是去做生意，一點都不像個背包客！」

他笑著說：「背包客就得穿著鬆鬆垮垮的衝鋒衣，背著鼓囊的背包嗎？那些我都放在旅行箱裡了，我對自己的要求是：從出門那一刻，就必須穿得體面，打扮得精神！這樣我才相信，我有能力去完成一段危險、孤獨且艱難的旅程！」

他補充道：「我去了很多危險的地方，見過很多陌生的人，我明顯能感覺到，多數人是不會花太多時間去『調查研究』一個陌生人的，你的穿著、打扮實際上已經為你打分數了。一個根本不認識你、也不需要認識你的人，就是本能地從你的衣著、打扮上決定——你值得被哪一種態度對待。」

在這個看臉的世界裡，「以貌取人」就成了「科學得要命」的事。因為外在就是最外面的內在。

外在好看就是一種心照不宣、一望而知的能力，一個無須辯駁、不言自明的優點。幾乎所有的人事經理都是以貌取人，幾乎所有的一見鍾情都是基於好看。

那麼你呢？

你總是喜歡說：「衣服、化妝品，能省就省吧，省的就是賺的。」但結果呢，你越省越窮、越省越乾癟、越省越空洞、越省越沒看頭。你省掉的很可能就是你最精彩的人生篇章，比如年輕的臉孔、婀娜多姿的身段、源自骨子裡的自信、觸手可及的愛情，以及任何變好的可能。

你總喜歡說：「注重外表就是膚淺。」結果呢，你的內在似乎也沒什麼人感興趣。你所謂的「更注重心靈美」只是你懶到無可救藥的託辭，你強調的「不喜歡化妝」更像是替無人問津找了個藉口。

你總喜歡說：「出去玩是為了放鬆，隨便穿什麼都行啊，又沒人看你！」結果呢，你的「隨便」成了旁人眼裡那個沒見過世面、土裡土氣又煩人的「臭遊客」。你的旅程標榜是「放鬆自己」，實則是「放棄了自己」。

一個人的形象永遠走在能力的前面。反正到目前為止，除了那些暴發戶，我還真沒見過真正有能力的人形象邋遢、口齒不清，甚至氣質低俗的；也沒見過外在形象邋遢、髒話連篇的人能有多豐富的內涵和修養。

所以說，長相很重要，穿著很重要，妝容很重要，成熟並且乾淨很重要！相信我，那些會愛上你美貌的人，肯定會比只愛上你內在的人多得多！而且，即使是宣稱「喜歡你素顏」的人，也一定是保證你的外貌在他所能接受的範圍之內。

人之所以為人，是你不能將唇膏、香水、長裙和高跟鞋與女人剝離，也不能將皮鞋、領帶和手錶與男人分開。構成一個人的，不只是皮肉、骨血和基因，還有那些看似沒有生命的配件，是它們，讓一個人栩栩如生且獨一無二。

當一個人在年紀輕輕的時候就喪失了洗頭、打扮或讓自己變好看的欲望，那他一定是鹹魚投胎！

03

知乎[6]上有個有趣的提問：「為什麼很多女生都覺得會做菜的男生很有魅力？」其中得讚數最多的答案是：「這其實是個偽命題。你認為女生會覺得一個光著上半身、臭汗淋淋，在黑漆漆、髒兮兮的廚房裡炒著雞蛋麵的黑胖子很有魅力嗎？不會的，她們只會覺得穿著一塵不染的廚師服、面帶微笑地做甜點或煎牛排的、長得還十分帥氣的男人很有魅力！」

你看，這其實是一個「三十秒鐘定生死」的世界，你只有十五秒展示你是誰，另外十五秒讓別人決定喜不喜歡你。換言之，你首先要留給別人好的第一印象，然後才有被喜歡、被信任、被接納的可能。

很多機會都來自「你的外在被某人欣賞」。

一個五官端正、著裝講究的人，與做事規矩、待人真誠的人，很可能是同一個；一

6 編註：中國一個能讓人們發問的知識交流網路平臺。

個在「吃穿住行」上有要求的人，與在工作中力求上進的人，很可能是同一個；一個管得住嘴巴不胡吃海喝的人，與管得住嘴巴不胡吹神侃的人，很可能是同一個。

反之，一個嘴歪眼斜、衣衫不整的人，與做事時挑肥揀瘦、拈輕怕重的人，很可能是同一個；一個在言談舉止上表現輕浮的人，與在技能上是個半吊子的人，很可能是同一個。

我的建議是，不要仗著自己長得醜就隨便熬夜，不要仗著暫時有人喜歡就放棄了保養皮膚、鍛鍊身體和滋養靈魂，無論何時何地，你一定要美美的。

長得美的人，就算是亂發脾氣、不講道理，也會有人說你是磨人的小妖精。否則，他只會厲聲問道：「要死了嗎？吃炸藥啦？」

一切正常人的正常想法是，就算我是一隻癩蛤蟆，我也不願意娶另一隻母癩蛤蟆。

總的來說，長得好看，那是上帝賞臉；容貌不出挑，你也不能自暴自棄。畢竟，臉不是檢驗真理的唯一標準。

最好的態度是，你能把長得好看當作命運的饋贈——感恩且珍惜它，而不是讓容貌變成你手頭唯一的籌碼！

外在形象，往往就是你真實生活的回饋。誠如王爾德所說，「美是天才的一種形式，實際上還高於天才，因為美不需要解釋。只有淺薄之輩才不根據外貌做判斷」。

也就是說，注重外在不是膚淺，膚淺的是只注重外在的人。

如果你連對方家裡有幾口人、人品是怎樣、愛好有哪些都沒搞清楚，僅憑一張社交媒體裡修過圖的照片就對他說天長地久的誓言，我敢打包票，這不是談情說愛，而是在買豆芽菜！

THEME 11

所謂有教養，就是不替別人製造困擾

01

濤子發了一則貼文：「看你遛狗的方式，覺得你很沒教養。」

一問才知道，濤子在散步時和一個遛狗的中年大叔起了口角。大叔遛的是一隻大個頭的哈士奇，卻沒有牽繩，任由牠在草地上來回跑。濤子經過的時候，哈士奇突然衝向了濤子，向來怕狗的濤子被嚇得尖叫起來，一個踉蹌摔倒在路邊，眼淚都快掉下來了。

可那位大叔卻在一旁哈哈大笑，他對濤子喊道：「沒事的，我們家狗不咬人！」

濤子強忍著恐懼，回答道：「這不是怕萬一嘛，而且這裡是公共場所，有很多小孩和老人……」

大叔沒等濤子抱怨完，就沒好氣地回了一句：「車禍你怕不怕，這麼怕萬一，那豈不是不要出門了？」

講到這裡的時候，濤子依然很生氣，她說：「要不是看到大叔是個一百九十幾公分的大塊頭，我真想回他一句『那好啊，以後我就養條大蛇，天天去你家門口遛，我也不牽著，反正我們家蛇也不咬人』。」

我安慰她說：「別跟這種人一般見識就對了。」

她反問：「那我就只能自認倒楣了？」

我說：「當然不是，你應該以不生氣為前提，然後發出正確的聲音，用自己的教養去表達自己的觀點——他聽不聽得進去沒關係，保全自己最要緊。」

我要強調的是，當你沒有能力控制自己的情緒時，請先選擇遠離那些壞人。因為你會受到他那些醜陋行為的威脅，會被對方激怒、帶壞、跑偏。

所以，不要爭論，不要動氣，不要試圖教育他們，因為一旦和他們一般見識了，就馬上降低了自己的涵養！

這種情形下，保全自己與維護正義一樣重要！

遇見沒教養的人，很多人會覺得「以暴制暴」才夠消氣，甚至覺得對於這些醜陋的靈魂，就得為其奉上「燦爛」的髒話！

可然後呢？你對自己失控了，這才是最嚴重的後果！

你內心戲是：「既然他那麼混蛋，那我只好跟著混蛋了。」

如果僅僅是站在對錯的角度，你確實是在討伐「惡」，但是，如果是站在你自身的角度來說，你還是輸了。

請你注意看一下被激怒的那個自己——一個對人潑髒水、與人對罵，甚至是打架的傢伙，是不是你曾經十分厭惡的那一類人？

網路上有篇短文寫得特別好：「有人尖刻地嘲諷你，你馬上尖酸地回敬他；有人毫無理由地看不起你，你馬上輕蔑地鄙視他；有人在你面前大肆炫耀，你馬上加倍證明你更厲害；有人對你冷漠，你馬上對他冷淡疏遠。看，你討厭的那些人，輕易就把你變成你自己最討厭的那種樣子。這才是『壞人』對你最大的傷害。」

生而為人，有四個建議：一是別和豬打架，二是別跑到豬設立的擂臺上爭贏鬥狠，三是別想著如何用豬的方式去打敗豬，四是和真正的人類做朋友。

02

教養是什麼？郝小姐用一件舊往事來回答了我。

有一次，郝小姐被臨時通知出差，她緊趕慢趕抵達車站了，卻發現發車時間快到了。她就想插隊買票，於是在隊伍靠前的位置找到了一位男生，向其說明了情況，希望可以插隊到男生前面。男生爽快地答應了。

可之後，男生做了一件讓郝小姐終生難忘的事情：他從隊伍裡走出來，站到了隊伍最後面，重新排隊。

買到票的郝小姐跑過去問男生：「你為什麼要重新排隊呢？」

男生說：「我不能替其他排隊的人製造困擾。」

郝小姐總結道：「這是我見過最有教養的行為，當然，也凸顯了我的沒教養！」

這個故事讓我想起了曾在社群媒體上看過的一則短影片，是在日本的一家超市裡錄製的。字幕開頭的介紹是：「這是當地最大的二十四小時營業超市，白天的人流量很大。」時間到了凌晨三點多，一位坐輪椅的老爺爺出現在畫面裡，他要買農藥，自己家的菜園殺蟲要用的。有人問他為什麼要凌晨三點多來買藥？老爺爺的回答讓人感動不已。他說：「白天來會打攪到別的客人。」

你聽聽，一個腿腳不便、白髮蒼蒼的老人，因為擔心打攪別人，而選擇在凌晨三點多、獨自一人、慢慢轉著輪椅到超市裡來購物。

有一種教養，叫「不替別人製造困擾」！

你從上鋪下床的時候，能爬梯子，就別「咚」的一聲跳下來；洗漱或者整理物品的時候，能夠輕手輕腳，就不要弄得像是在工地裡開挖土機。

深更半夜，大家都睡覺了，就別「後知後覺」地去洗頭髮、吹頭髮了，非要吹就去外面，而不是假裝善良地提醒一句「大家都睡啦？我就吹一下下」。

手頭缺什麼東西，如果是真的需要就要向人提出請求，未經允許不用別人的東西是常識……

我得提醒你，別把學歷當教養，更不要因為離得近就忽略了保持教養。教養和學歷是兩回事，有的人很有文化，但是很沒教養，有的人沒有什麼太高的學識，但仍然很有分寸。

你可能受過很好的教育，但你依然很可能是沒教養的人，就像你可以不停地吃東西，但你的腸胃不吸收，你還是骨瘦如柴。

木心在《即興判斷》裡寫道：「有教養的人，對車夫、浴室侍應生、任何傳遞物品的人，從來不會敷衍搪塞。」

再來看看我們周圍。

穿得時尚大方的美女們隨處可見，但出口成「髒」的也不在少數，誰要是不小心碰了她自己甩起來的長髮，她都好意思在大庭廣眾之下大聲喝斥別人是耍流氓。

住在高樓大廈裡的菁英們天天強調修身養性，但平日裡待人接物卻是隨意爆粗，如果哪個快遞員沒有按秒準時到達，他肯定會賞人家幾句髒話。

在風景區裡遊玩的人摩肩接踵，但絲毫不影響有人隨手亂扔垃圾，如果趕上了誰心情好的時候，還會在牆壁上留著「到此一遊」。

坐在電影院裡的男男女女滿世界地去彰顯個性，聊起天來也是旁若無人，如果誰要是指責他幾句，他定會回你：「關你屁事！」

他們生來用不著動腦筋，他們生來用不著為名譽擔心。

他們在糊裡糊塗的一生中，被人無數次封鎖、被人賜予白眼卻渾然不知。
他們一次又一次地毀掉旁人的價值觀，而且還擺出一副「我毫不知情」的樣子來！
你看，教養跟美醜、貧富、學歷和階層無關。飛往巴黎的頭等艙上也有言語輕浮的大老粗，鄉間地頭的田埂上也有懂得仁義和廉恥的老農。

03

有太多的人，活得就像一顆咄咄逼人的子彈！
你要是有點嬰兒肥，他三天兩頭就在眾人堆裡喊著：「你怎麼胖得跟頭豬一樣。」
你要是說：「某某家的披薩特別好吃。」他就會回你一句：「那是你沒吃過好的。」
你三、四年才見他一回，他脫口而出：「長得比我都高了，是不是把鞋墊墊高了？」
你將兒子剛滿月的照片PO出來，他大筆一揮：「沒想到你這麼醜，生的小孩這麼好看！」
你如果化個精緻的妝容，他必定會嘲諷一番：「是不是想男人想瘋了。」

……

諸如此類，將刻薄當玩笑，將口無遮攔當作坦率，全然不知這些是極沒教養的行為！見到本尊的時候，發現對方和社群媒體中PO的照片差別很大，千萬不要表現出「見到偽君子」或者「對方就是個騙子」的表情來，更不能傻呼呼地問：「你是不是整形了？」

在大庭廣眾之下，看到別人的外套破了個洞，又或者看出了她拎著的LV是假的，能閉嘴的時候，就別強調自己的那雙火眼金睛了！

這不是虛偽，而是教養。

有一種教養，叫「不讓人尷尬」！

有教養的人，懂得點到為止，別人也自然會心神領會；你為有教養的人著想，他必善意回應；而沒教養的人，你不發脾氣，他就占你便宜；你為他著想，他還嫌你多事。

所以，遇見沒教養的人，最正確的作法是，努力躲開他，同時努力不要變成他那樣的人。

至於那些口無遮攔的傢伙，不如一臉天真地告訴他：不好意思，你剛才說了什麼？

我的耳朵得了一種先天性的怪病，叫「你講了什麼，我根本不在乎」！

有教養的表現很多。比如，下雨天逛街，進店門前在門口跺跺腳；搭手扶梯自覺站在右邊，留出一條應急空間給那些有急事的人；吃飯點餐時詢問對方喜好與忌口；在別人睡覺的時候懂得安靜，下雨天開車路過水坑知道減速；咳嗽的時候用手捂住，不朝向任何人；別人到店裡，即使買不起，也不要用瞧不起的眼神打量別人……這些微小的細節，足夠讓你普通的靈魂熠熠生輝！

往簡單了說，教養就是不管你的出身、背景、能力，你都在努力做個更好一點、更可愛一點的人。

願你，十年之前是玉樹臨風，十年之後是溫潤如玉。

生而為人，有四個建議：
一是別和豬打架，
二是別跑到豬設立的擂臺上爭贏鬥狠，
三是別想著如何用豬的方式去打敗豬，
四是和真正的人類做朋友。

教養跟美醜、貧富、學歷和階層無關。
飛往巴黎的頭等艙上也有言語輕浮的大老粗，
鄉間地頭的田埂上也有懂得仁義和廉恥的老農。

THEME 12

你怎樣度過一天，就會怎樣度過一生

01

剛畢業的S小姐面試失敗了，她傳訊息向我吐槽，說面試官笑得很猥瑣，而且非常沒禮貌。

她說：「我是去面試記者職位，他本來應該先測試我的採訪能力和文筆。可他就只是瞇著眼睛盯著我笑，才問了兩個問題，就脫口而出『下一位』，你說氣不氣人？」

我說：「他的第二個問題應該是，你平時都做些什麼吧？」

她連續傳來了三個驚嘆號，問道：「你怎麼知道的？」

「那你是怎麼回答的呢？」

S小姐傳來了很長一段文字，大致描述了她在課餘時間和假期的日常，總結來說就是：白天看電視劇、玩遊戲，晚上是玩遊戲、看電視劇。

我說：「沒選你就對了。一個人的真實面目與真正價值，僅憑兩、三頁的A4紙是呈現不了的，僅憑一面之交也是看不出來的，但透過你在空閒時的舉動和習慣，能看得很清楚。也許這不是了解一個人唯一的方式，甚至不是一種最好的方式，但它是一種最省力的方式。」

男人十年、八年後的境遇，大致可以透過他的微小習慣來預測；女人三年五載之後的模樣，大致可以透過她的平常消遣來展望。

同樣的道理，一個在平日裡不思進取的人，在工作上多數也做不到勤勤懇懇；一個在生活中邋裡邋遢的人，在工作上也很難做到精益求精。

這是常識。你今天沒改的壞毛病，明天依舊是個壞毛病；你今天不能解決的問題，明天很可能就變成更大的問題；你今天減不下來的肥，明天乃至下輩子都減不下來。

正所謂，冰凍三尺非一日之寒，小腹三層非一日之饞。

想要在人群中更具競爭力，那先得讓自己擁有更高的解析度。而影響像素的，是你每一個昨天，以及昨天的選擇、習慣、判斷，以及學過的知識、讀過的書、遇見的人……

我的建議是，想要好身材，就在別人呼呼大睡的時候，去跑道上揮汗如雨；想要好成績，就在別人在遊戲世界裡激戰正酣時，去圖書館裡專心致志；想要變成值錢的人，那就去好好沉澱，慢慢鍛鍊出真本事；想要讓面試官尊重你，那就攢足本錢，讓自己無懈可擊。

是騾子是馬，根本就用不著拉出來遛遛，大致瞧瞧就知道了。

怕就怕，你一邊放任自己的眼光越來越短淺、境界越來越低下、問題越堆越多，另一邊又在深夜裡自我糾葛——或是變成怨婦，怒火中燒地在社群媒體上發一些沒經過大腦的言論，舉著為民除害的大旗，成了他人的笑談；又或者化身為鍵盤魔人，懷著滿腔的熱血在熱門貼文下留下憤世嫉俗的評論，懷著替天行道的正義感，活成了一個無腦的「噴子」[7]！

怕就怕，你一邊喊著要惜時惜命，一邊卻又在慷慨地浪費時間；你一邊想要大展宏

7 編註：指愛好胡亂指責他人而不通情達理的人。

圖，一邊又在縮手縮腳地做決定；你一邊擔心自己的壯志難酬，一邊又為一堆破爛事忙得不可開交。

那你有什麼資格抱怨命運的不懷好意？你的現狀明明就是自己一手造就的。

曾幾何時，你心比天高：單槍匹馬也敢闖江湖，滿臉痘印也敢放閃，受挫了會內心吶喊「世上無難事，只怕有心人」。

如今呢：伸手怕辜負，縮手怕錯過；在喜歡的人、事、物面前，只能摸摸肚腩，酸酸地說「物以類聚，人以『窮』分」。

曾幾何時，你七竅玲瓏：說人生既需要高瞻遠矚，也需要鼠目寸光。說「高瞻遠矚」能為你指明方向，說「鼠目寸光」能讓你活在當下。

可在後來的現實生活中，你在該努力的時候選擇了「高瞻遠矚」，還大言不慚地說「我想要的，歲月早晚都會給我」；又在做人生抉擇的時候選擇了「鼠目寸光」，還不知羞愧地講「人要活得現實一些，別想那些虛無飄渺的東西」。

我唯一能說的是：天賜食於鳥，但絕不投食於巢。

02

上大學的時候，我在校刊社待了很長一段時間，曾對同班同學進行過一次問卷採訪，問題就是：「你是怎麼度過週末的，覺得無聊嗎？」

有人說，「那兩天，我都是半夜一、兩點睡，第二天下午一、兩點起來，沒安排別的活動，非常無聊。」

有人說，「滑滑串流平臺，看看綜藝節目，再看一、兩部電影，兩天很快就過去了，就蠻無聊。」

有人說，「在寢室裡躺著看書，躺到頭昏腦脹就玩玩手機，等餓了就叫室友帶一份吃的回來，很容易過，但確實很無聊。」

有人說，「玩遊戲囉，睏了睡，醒了玩；餓了吃，飽了玩。非常過癮，但是也非常無聊。」

還有人翻著白眼想了半天，蹦出五個字：「想不起來了。」

「無聊」是一個極有時代感的熱門詞，它概括了很多人在學生時代上課遲到、早退以及不聽講的全部理由。

輪到佳佳時，她說：「我從不覺得週末無聊。上午如果有西班牙語課，下午我就看一場西班牙語電影，晚上再寫個影評；上午如果是營養師培訓課程，下午我就去超市買些食材，晚上做些吃的給大家；如果上午沒有課程，我就自學法語，我還預計在畢業之前能說一口流利的法語呢！如果再有空閒時間，就去逛逛書店，買些喜歡的繪本，或者準備一下演講稿的內容。你知道的，我每個星期一都要在校刊上發表一篇演講稿。」

如今的佳佳既是事業上的女強人，也是生活中的藝術家。這個月如果安排了滿滿的各類會議，那空閒時必然會搭配幾場音樂會；這個月如果是在牙買加甄選咖啡豆，下個月可能就在巴黎看時裝秀。

你看，能將時間安排得豐富多彩且有意義的人，就像是擁有了一把「萬能鑰匙」，能在庸常的時光裡，擁有常過常新的快意人生。

適度的休閒是生活的必需品，但無休止的光陰虛度和不帶目的的蹉跎歲月就成了生活的毒品。大概是因為高中時你習慣了「被安排」、「被命令」式的學習，此時難免會覺得茫然，然後迫不及待地想做些什麼，來打發這突然多出來的時間。

不同的是，有人選擇了去圖書館，有人選擇了在電腦裡廝殺，有人沉溺於影視節目的風花雪月……可就算你換了一個品牌的手機，搬到另一個住處，買幾本新書，又或者墜入愛河然後成功脫身，都無法幫你徹底擺脫無聊。因為，無聊的並不是生活，而是你的生活態度。

比如你這邊滑社群媒體，那邊抱怨大學生活無聊透頂；這邊約著朋友準備在遊戲裡聯手殺敵，那邊就在電話裡對爺爺奶奶說這次壽宴沒時間回家。

無聊不是耗過去的，也不是躲避得了的。誠如編劇廖一梅所說：「我經常有那種感覺，**如果這個事情來了，你卻沒有勇敢地去解決掉，它一定會再來。生活真是這樣，它會一次次地讓你去做這個功課，直到你學會為止。**」

所有你逃避的、偷懶的問題，都會在改頭換面後，對你迎頭痛擊！

03

為什麼你灌了一大杯咖啡也拯救不了混沌的大腦，睡了十幾個鐘頭也滿足不了嗜睡的靈魂？別說看書和解題，連睜開眼睛都得拚盡全力。

為什麼你一邊寫滿了各類計畫，一邊又無精打采地過著每一天？別說完成全部計畫，連開始計畫都顯得困難重重。

為什麼你出門時是容光煥發，回家時已經累得生無可戀？別說健身和充電，連晚飯都沒吃，只想倒頭就睡。

為什麼你將二十四小時都安排得滿滿的，卻依然逃脫不了碌碌無為的命運？

在我看來，能有好成績的人，並不是車輪最大的，也不是馬力最強的，而是效率最高的。換言之，你計畫多少沒有用，完成了多少才有用；你準備得多好沒有用，完成得多好才是意義所在！

提高效率才是最有效的偷懶方式！有一本叫《精力管理》的書強調：「我們匆匆忙忙、冒冒失失，面對沉重的工作負荷，努力把每一天都安排得滿滿當當；明明上緊了發條，但我們卻徹底垮了。一天中有多少個小時是固定的，但是我們所能調用的精力卻不是這樣的。」

有效地利用時間就是分得出輕重緩急，然後針對性地使用自己的精力。忽略了這一點，任何的方法論都是白搭，任何的苦戰都是白費。對精力的把握和利用，也在一步步地拉開人與人之間的差距。

有效的安排應該是：適時地鬆弛，而非全程緊繃；間歇性地衝刺，而非等速慢跑。狀態不好的時候就別硬撐了，因為你的意志力是有限的。你在此處較勁過度耗費了精力，在別處就難免後勁不足。但這不是讓你存著精力熬夜滑手機，而是讓你找到自己的節奏，在狀態最好的時候處理最重要、最燒腦的事情。

一個人的狀態不是像你的手機充電線——每一截都一樣——而是像橡皮筋，張弛有度才是維持彈性的最好方法。

其實，多年以後，人和人之間的處境差距、際遇迥異、因緣不同，也不過是一分耕耘一分收穫而已。

記住，你怎麼打發時間，時間就會怎麼打發你。

冰凍三尺非一日之寒，
小腹三層非一日之饞。

你計畫多少沒有用，完成了多少才有用；
你準備得多好沒有用，完成得多好才是意義所在！

怕就怕，你一邊放任自己的眼光越來越短淺、
境界越來越低下、問題越堆越多，
另一邊又在深夜裡自我糾葛。

THEME 13

有愛的懂得示弱，缺愛的才會逞凶

01

番茄小姐和菠菜先生戀愛之後的第一場「戰爭」是因為一張老照片。

那天，番茄小姐在他的舊相簿裡看到了一個漂亮女生，便問他，「哇，這個女生好漂亮，是誰啊？」菠菜先生的臉「噌」地就紅了。

是的，你沒猜錯，番茄小姐無意間看到的這個漂亮女生正是菠菜先生的前任。

隨後，菠菜先生老實地交代了這個女生的所有情況，從籍貫、愛好到兩人曾經的戀情，以及她後來的戀情。菠菜先生強調說，他們已經很多年沒有聯絡了，照片也記不清楚是什麼時候放進相簿裡的。

番茄小姐很相信他，但這醋，她決定要往「足」了吃。因為在她看來，菠菜先生「知道的」和「說的」都太多了。接下來的幾天，番茄小姐對他的態度是「不鹹不淡，不見不談」。

當然了，番茄小姐並沒有真生氣，她只是想讓菠菜先生知道，她可不是一個普普通通的醋罈子，而是一個綁著一噸炸藥的醋罈子！

事情的轉機是菠菜先生在凌晨三點鐘傳給番茄小姐的一則訊息。巧的是，番茄小姐也正失眠。訊息的內容是：「不知道你到底怎麼了。想找你說話，你又不理我。說多了怕你煩，說少了又怕你不明白我的心。唉，很多話卡在喉嚨裡，進退兩難。」

番茄小姐瞬間就被感動得稀里嘩啦的，她猶豫了三秒鐘，回了他一句：「比我漂亮的人，第二天都得死！」

很快，菠菜先生就打來了。他小聲說：「原來你是吃醋了，怎麼不直接說？」

番茄小姐扯著嗓子喊：「吃醋這麼不要臉的事，我要怎麼跟你講？」

番茄小姐和菠菜先生的第二場「戰爭」是因為搶電腦。那時候，他們新婚才過兩個月。當天，菠菜先生占著電腦畫圖，而番茄小姐急著追劇，番茄小姐催了他三次，他還是不肯退讓。番茄小姐脾氣一上來，就把電源給切斷了。

菠菜先生瞬間就火了，對她大吼了一句：「你腦袋進水啦？」

番茄小姐自知理虧，可她一點都不願意放下身段向他道歉，便把臉一沉，甩了一句「你才腦子進水了」，然後就一語不發地坐在沙發上，等著他的第二反應。

像番茄小姐這麼「賊」的女生，她當然明白：真正的狠角色，是不會把「抱歉」、「對不起」掛在嘴邊的，而是要用讓人窒息的沉默，給對方一個下馬威。

果然，沒過一會，菠菜先生就端著 iPad 出來了，他說：「你追的那部劇，最新的一集已經下載好了，給你。」

見菠菜先生示弱，番茄小姐開心地接過了 iPad，然後馬上堆出一臉的威嚴對菠菜先生說：「像我這種吃軟不吃硬的人，天生就是需要人寵著，如果你吼我，我也會很凶地吼回去。但是，如果你對我服軟，我就會變得很乖，像貓一樣賴著你！」

菠菜先生的頭馬上點得像縫紉機的針腳一樣。

我曾採訪過菠菜先生：「這麼寵，不累嗎？」

菠菜先生笑著說：「自己選擇的祖宗，跪著也要寵！」

戀愛的真相是這樣的：有心在一起的人，再凶的爭吵也會各自找臺階下，然後很快重歸於好；離心的人，再微不足道的一次彆扭，也會乘機找藉口溜掉。

其實，普天之下，不論誰的戀愛都註定有幾分毒性，不懂得示弱的，很快就被毒死了，而懂得遷就的，慢慢就變得百毒不侵了。

當然了，你也不能因為有人慣著，就以為他會一直慣著你；**不要仗著有人疼愛，就肆無忌憚。該改的毛病還是要悄悄去改，該認的錯還是要用保留面子的方式去認，這樣才對得起對方毫無保留的愛！**

不過度消費對方的疼愛，才能被愛得更久一些。

另外，給女孩們一個善意的提醒：當你和男朋友吵架的時候，先別急著去哭去鬧、去大喊大叫，而是先要弄明白，他的膽子怎麼突然就肥了呢？

02

有太多的人，是小時候缺鈣，長大了缺愛。比如J小姐。

J小姐初戀發生在辦公室裡，男朋友對她的照顧可謂是「三百六十度無死角」。小到買早餐、每天接送上下班，大到搬家、旅行……

可即便如此，J小姐還是沒有安全感。她對男朋友的監控也是「三百六十度無死角」。小到今天和誰見了面，開車經過了哪條街，大到過往愛過誰……她像個偵探一樣，將男朋友的所有社交平臺翻了個遍，一有蛛絲馬跡，她就刨根問底。

有一次，男生由於開會的緣故，將手機調成了靜音模式。不料J小姐打了查勤電話，男生因此「失聯」了兩個小時。就為這點，J小姐大發雷霆，為此嘔了三天氣。

最誇張的是，J小姐擔心男朋友跟前任聯繫，擅自加了男朋友前任的通訊軟體帳號，而且還在對方的貼文下按讚留言。

男朋友的前任甚至回覆她：「放心吧，我是不會把吐掉的口香糖再放回嘴裡的，所以你是『防衛過當』了，早點洗洗睡吧，假情敵！」然後就將她封鎖了。

這件事後來被男生知道，他第一次對J小姐發了火，向來驕傲的J小姐哪裡受得了這等「待遇」，她一怒之下說了：「那就分手吧。」回到家之後的J小姐泣不成聲，後悔得想抽自己兩巴掌。

J小姐找我訴苦：「戀愛真是件辛苦的事情啊！」

我說：「你稍微再自信一點，稍微再信任他那麼一點，你自然會發現戀愛的樂趣！」

她想了想，說道：「我猜，可能是我比較缺愛吧！你也知道，我從小就不在父母身邊長大。」

我反問道：「**缺愛難道不是問題嗎？什麼時候成了你侵犯他人自由和隱私的理由了？缺愛就可以肆無忌憚？缺愛就理所應當地得到更多遷就？所以他就得二十四小時在線上，每則訊息都要秒回？連前任都有罪？**」

要我說，你不只是缺愛，還缺根筋；你這不是在談戀愛，更像是在發神經！

遇見一個戀愛新手，本來是一件讓他開心的事情，因為他俘獲了一顆沒有戀愛經驗的心，輕鬆得就像是奪取了一座沒有守衛的城。

可進城之後才發現，你這裡沒有愛，只有無盡的猜忌、冰冷的防備；這裡沒有花海，只有刑具和監牢。

那麼你呢？

你平日裡本是個性格開朗、桃花不斷的人，一遇到愛情，馬上就手忙腳亂起來。**你**

既不會正確地接受愛，也不會恰當地表達愛，扭捏得像個怪胎。

你本來是個什麼都不缺的人，在感情裡卻突然覺得自己一無是處、一無所有；你本來是神經大條的人，在戀人面前卻突然變得吹毛求疵，極度敏感。

你在單身的時候總是在過分用力地保護自己，以至於讓所有想要靠近你的人都退避三舍；又在戀愛時過分用力地去表達愛，讓戀人身心俱疲。

我怕有一天，你的心窩被螫成了馬蜂窩，再想去愛時，心裡的那隻小鹿卻再也不敢撞了，像死了一樣安靜。

我的建議是，不要動不動就在精神上把自己全身武裝起來，而是要去追求能讓自己心安的存款和獨當一面的能力。

這樣的你，就算他是個負心漢，你也不會慌，因為你知道，他選擇的、他拒絕的、他狡辯的……都是他自己硬加的戲份，根本與你無關。

就算他是個薄情之人，你也不會懊惱，因為你明白，自己身懷寶藏，難免會遇見幾頭惡狼。

若他是個有情人，你也不會亂，因為你相信，「他很好，我也不差」。

至於你聽說的「如果很愛很愛一個人，就放手讓他走，他若能回來找你，就永遠屬於你」。嗯，希望你一直都相信這種鬼話！

03

一部很紅的電視劇裡有這樣一段臺詞。

「你相信有永遠的愛嗎？」

「我相信。」

「那你擁有過嗎？」

「還沒有。」

「那你為什麼相信？」

「相信的話，會比較容易幸福。」

生活的討厭之處在於：你喜歡長髮，卻留著短髮；你有顆明天就結婚的心，卻逃

不過今天依舊單身的命。但它同時也十分可愛：你留著短髮，但依然可以嚮往著長髮飄

飄；你單身很久，但依然相信愛情。

但是更常見的現象是這樣的。

出現競爭對手了，你就說自己不喜歡搶來搶去，怕弄得渾身是傷，所以你就選擇了拱手相讓，以求來日江湖好相見。你以為自己很豪邁，其實是弱爆了。

有了戀愛對象，你要麼是反應過度，他給了你一點點溫度，你就回饋給他一場熊熊大火。要麼是對冷戰上癮，動不動就將戀愛的天氣切換成電閃雷鳴模式，但這時的你根本就沒有傘，卻安靜又倔強地站在他的門前，想要敲門，但最終還是沒敲，就那樣一直在雨中淋雨。

你極度缺乏安全感，對戀人保持著高度警戒的狀態。還會提出一些早就準備好答案的問題，以測試他的忠誠和堅貞。但久而久之，這種提問的性質卻變了，你更像是在等著——看他如何撒謊！

遇到不順心了，你最常用的處理方式是憋著。你既沒有勇氣說出來，也沒有力量一直憋下去。但對於對方來說，一顆將要爆的炸彈遠比一顆已爆的炸彈恐怖得多。

你想要被愛，又渴望自由；你不想被管，又不想被輕視。你的心裡暗藏玄機，自然就很難對對方掏心掏肺，更別提什麼相敬如賓、舉案齊眉了。

這真的很悲哀，在你最好的年紀，你沒有舒舒服服、大大方方地談一場戀愛，倒是將《孫子兵法》熟練運用到了爐火純青的地步。

其實，不論感情還是生活，最重要的不是有沒有人愛你，而是你值不值得被愛。

那些天生就有一顆玻璃心，一碰就渾身炸毛，生怕自己被忽視、被誤解的人，是很難享受到愛情的美妙和生活的美好的。就算是有人陪他談情說愛，也填充不了他內心的缺憾；就算給他一個滿分的戀人，也驅散不了他骨子裡的寂寞荒蕪。

而那些懂得示弱，在經濟和精神上都足夠獨立的人，他們對待感情和生活的底氣很足，自然就沒有太多徒勞的戾氣和自私的要求。

不信你看，滿腦子私欲的人，總想著求菩薩替自己消災解難添富貴，而天真的小孩則會誠心祈求：「菩薩菩薩，祝祢身體健康！」

THEME 14

沒有自我的人，自我感覺都特別好

01

由於工作的緣故，我結識了很多網路平臺的編輯，還在上大學的H就是其中之一。在我的印象中，H比其他編輯更較真，只要是給她看過的稿子，總能得到一些中肯的建議；她也比其他人更敬業，三天兩頭就會跟我打個招呼，詢問一下有沒有新稿件。一來二去，我和她竟也經常聊些心裡話。

三個月前，H私訊我的時候已經是半夜了，她說：「老楊，我的人生毀了。」我有點發傻，因為我認識的H是不可能跟「毀」字連在一起的。印象中的她是個評價極高的女強人，智商EQ雙高，相貌才氣上佳，而且還上進，每逢放假，她不是正在兼職，就是在找兼職，忙起來的時候，巴不得將一天當成兩天用。

我原以為，她頂多是畢業設計沒做好，或者是兼職丟了，又或者是失戀了……但仔細一聽才知道，她的人生或許真的是毀了。

原來，H著了虛榮心的魔。為了和室友擁有同款化妝品，她花掉幾個月的兼職薪水；為了買到那雙最新款的鞋子，她吃了二十多天的饅頭……最後，為了能夠得到某款限量版的名牌包包，她放棄了尋找收入微薄的兼職工作，而是去KTV當起了服務生。當然，一開始只是端茶倒水，後來……

一個人墮落的速度是多少？五個牛頓恐怕也算不出來。

我問她：「為什麼？你完全可以靠努力活得很好的啊？」

她說：「我原本是想快點過理想中的生活。可如果單憑努力，我恐怕大半生都只能小心翼翼、省吃儉用地活著；如果僅憑汗水，我這輩子都只能用著十幾塊人民幣的口紅、一百來塊人民幣的包包……」

我又問：「清清白白地賺錢，難道不比現在這樣更快樂嗎？」

她說：「至少現在，有很多人按讚我的貼文，社群有很高的流量……比起窮酸著清清白白，我喜歡這樣體面著苦苦掙扎！」

我沒有再回覆她些什麼。那一刻，我突然意識到，雖然大家同處一個時代、同在一個城市，但價值觀層面的差距，足足有幾億光年的距離！

她迷失了，所以分不清什麼是合理的夢想，什麼是失控的欲望。所以**只能把別人的眼光當作行為的最高標準，把別人的按讚當作生活的最高獎賞，最後在自以為是的小聰明裡迷失，在世俗的迷宮中左右為難**。

人生這場遊戲，誰都別想著要開外掛。哪怕你在某一時刻大殺四方、順風順水，但拋棄自我、捨棄準則的人生必然會變得空洞，並演變成一個無法修補的bug。

有的人見別人的路好走，就想去走別人的路；見別人走得遠了，就想去抄一條近路。

比如大家都在守規矩地排隊，他就想插隊，當然了，他的理由很充足：「我帶的東西多」、「我的年紀大」、「我帶著小孩」……就好像別人正常排隊的都是閒得沒事、活得容易似的。

比如大家都在等綠燈，他就想闖紅燈，當然了，他的理由依然很充足：「開車的司機看到我會停的」、「我有急事」……就好像那些遵紀守法的人都是傻子似的。

於是，在該花時間等待的時候就想著走走後門，在該努力付出的時候一心想著抄近路，在只有賺辛苦錢的本事時，滿心想著的都是如何賺大錢……

於是，那些明知道是耍手段、鑽漏洞、冒風險、投機取巧的事情，也會抱著僥倖心態去做。其內心的潛臺詞無非是：「萬一不需要承擔後果呢？」、「萬一能一步踏上人生巔峰呢？」

我想提醒你的是，你的經歷還太少，你的閱歷還太淺，你的本事還很有限，光想著「找到人生竅門、走個成功捷徑」是不可能走上人生巔峰的。

一來，沒有那麼多竅門和捷徑可尋；二來，即使有也不會都歸屬於你。更大的可能是，你會掉進一些無法預知的坑裡，摔得人財兩失。畢竟，想抄近路，就要想到有可能會誤闖陷阱；想要跑得快一點，就要想到有可能會摔得更慘一些！

一切走捷徑的行為，最後都被證明是在走彎路；而一**切阻擋你的困難都應該正面解決，因為那才是真正的捷徑**。

生命本就是一個摸爬滾打、由生到死的過程，如果你活著的目的只是為了尋找捷徑，那麼生下來就掛掉好不好？那無疑是最快捷的路程。

02

三十二歲的表姐仍然待字閨中。過年去她家串門子，吃飯的時候，大舅對表姐說：「夾菜就夾住了，不能翻來翻去，以後嫁出去了，公公婆婆會說你沒教養！」

表姐白了大舅一眼，然後把筷子往桌子上一扔，大聲說道：「那我不吃了行吧！」

大舅馬上換了語氣，將桌子上的筷子拾起來遞給表姐，並補充了一句：「來來來，我的寶貝女兒最愛吃大蝦，老爸夾一隻大的給你。」

吃完飯之後，一堆人圍著桌子聊天。舅媽有意無意地提到了鄰居家添了個胖孫子，然後對表姐說：「你也把握時間吧，你看我和你爸都快六十歲了。」

躺在沙發上看電視的表姐「噌」的一下就站起來了，厲聲說道：「又逼我，又逼我，明天我出去租房子行了吧！」

舅媽趕忙說：「不說了不說了，還是在家住著吧，一家人多熱鬧。」

後來不知道誰問到表姐的工作，大舅就據實說了兩句，結果表姐又炸了，她怒氣沖沖地回到了自己的房間裡，把門用力地甩上。

大舅尷尬地朝大家笑笑，然後起身去敲表姐的房門……

臨走之前，我小聲問表姐：「至於這樣嗎？大舅和舅媽就是提提建議，你怎麼發那麼大脾氣？」

三十二歲的表姐用二十三歲的口吻對我說：「弟弟呀，你是不知道我在這家裡多辛苦，對付他們就得這樣狠一點！」

我對她說：「你是挺狠，當著眾人的面，硬生生地將自己的親生父母逼到了低聲下氣的程度！」

子女有時候會犯一種非常愚蠢的錯誤：能把陌生人給的那點小恩小惠，當作大恩大德，卻把那些不求回報的父母之恩，當作理所當然。

你整天擔心，怕遇不到心愛的人，怕過不了想要的生活，卻從未意識到，自己也許是身在福中卻不自知。

你時常忐忑，怕自己在愛別人的路上千瘡百孔，怕自己的愛被人辜負，卻從未認真反思過，自己也許正在變得麻木不仁、忘恩負義！

你仔細想想，在你為了夢想而選擇遠方、追逐詩意的時候，你的父母在哪裡、為了誰而辛苦打拚著？

在你對美好生活侃侃而談、口若懸河的時候，你的父母在做著什麼、為了誰而攻苦食淡？

在你圖一時的口舌之快、對他們肆意吆喝的時候，他們在無人的地方、為了誰而滿心愧疚？

是你，是那個曾經可以隨便罵、隨便吼，如今只能哄著、供著的你！

在不知不覺中，當年那個會因為你犯錯而跟你嘮叨一整天的媽媽，現在變成了電話另一頭那個唯唯諾諾的女人；當年那個對你威懾極大的爸爸，現在已經變成了不善言辭、不敢多說的老男人。

網路上曾熱傳過一組漫畫，大致是說，在你很小的時候，父母花了很多時間教你用湯匙、用筷子，教你穿衣服、繫鞋帶、扣釦子，教你洗臉、梳頭髮，教你做人的道理……而你呢，小小年紀就只會逼問他們「自己從何而來」，他們其實早就用行動告訴了你——你是從他們心頭掉下來的。

其實，子女與爸媽之間的「博弈」，哪有什麼對錯與輸贏可言？所謂贏，傷害的無非是他們的心；即便錯，刺痛的依然是他們的心。

你永遠不知道你不在家的時候，父母的餐桌上有多簡單，也永遠不知道你回家的日子被他們倒數了多少次。

你隨意的一句「來日方長」，對他們而言，其實就是「人走茶涼」。你隨口一提說了哪道菜好吃，他們就會一次接著一次地做給你吃，直到你厭煩、埋怨、想吐為止。

他們這大半生就是在拚命地對你好，把你覺得好的一股腦地都給你……

他們哪，就是愛到不知所措了而已。

人性的醜陋之處就在於此：一旦習慣了接受，就會忘記感恩。

03

這個世界，什麼都無所謂的人特別多。

職場裡，你對老闆不滿意，義憤填膺地遞交了辭呈，你覺得自己一定能找到更好的工作，各種碰壁之後卻發現，自己的能力也就前一個公司肯聘用了。

你對下屬不滿意，大動肝火地辭退了某某，你總覺得會來一個更好的員工，幾次面試之後卻發現，公司的條件也就以前的員工能接受了。

戀愛的時候，你對另一半不滿意，大大方方地把人踹了，總以為「歲月會給自己安排一個更好的人」，各種相親戀愛之後才發現，自己的這副德行也就前任會喜歡了……

父母提醒你，「快考試了」，你在遊戲的戰場上殺得興起，回了他們一句：「明天再說啦！」

朋友提醒你，「該減肥啦」，你在飯桌上大快朵頤，回了他們一句：「吃完這頓再說吧！」

旁人提醒你，「你的女朋友氣哭了，快去哄哄」，你逞強維持著如同鑽石一般珍貴的自尊說：「哭累了自己會回來的」。

等成績亮起了紅燈，想去的大學沒考上，你只能懊惱地說，如果聽媽媽的話就好了。

當體重機上的數字異常刺眼時，你只能後悔地說，要是沒吃那麼多就好了。

當看到戀人和別人在一起了，你只能傷心地說，早知道對她好一點就好了。

是的，這個世界上，最沒有用的，就是「如果」、「要是」、「早知道」。

如果後悔有用，類似幸福、成功、魅力這樣的特質，就不會那麼稀缺了；如果能夠「如果」，那愛情、親情、友情這樣的情感，就不會那麼昂貴。

當然了，你就不會有那麼多收到就想剁手的包裹和看到就想死的信用卡帳單。

THEME 15

要懂得寬宏大量，也要懂得雙倍奉還

01

表姐相親時，遇見了一名奇葩男子。

兩個人寒暄了不到三句半，奇葩男就來了這麼一句：「你們女生選擇結婚對象，是不是都以錢為判斷標準？」

正準備喝水的表姐差點沒嗆著，她沒有回答，而是歪著腦袋盯著相親男看了兩秒鐘，然後認真地品嚐那份味道極好的橘子燒野鴨。

奇葩男繼續說：「我不是在針對你，是因為我前女友就是這樣的人。我和她高三就開始談戀愛了，大學四年也都在一起，結果大學畢業後的第三年，她居然拋棄了我，和一個有錢人結了婚！」

表姐抬頭看了他一眼，開口道：「那個，麻煩幫我遞一下沙拉，謝謝！」

奇葩男照做了，然後接著吐槽他的前女友：「你得理解我。七年多的感情，我對她付出了全部的青春和愛，她說不要就不要了。」不時他還會強調一下：「對於愛情，我真的是沒什麼信心了。」

表姐將最後一塊牛排塞進嘴裡，然後認真地擦了一下嘴巴，整理了一下表情，對奇葩男說：「聽著，你是挺倒楣的，可實際上你很幸運。像你前女友這種嫌貧愛富、同時智力有明顯問題的女孩，沒有坑你一輩子，你就知足吧！」

見奇葩男一臉茫然，表姐整理了一下包包，平靜地解釋道：「她如果真是嫌貧愛富，就應該在年紀輕輕的時候去找個有錢人，怎麼還跟一個窮光蛋談七年多的戀愛？浪費了青春，又耽誤了『錢程』，這不是智力有問題是什麼？再有，謝謝你這麼大老遠來講故事給我聽，這頓飯我請了吧。」

然後，買單，走人，留那個奇葩男坐在原地，氣得一臉青色。

我強忍著笑，對表姐說：「我聽說他是你老闆介紹的，你這反擊會不會太狠了？」

她嚴肅地說：「我實在是看不慣這樣的人，分明就是自己大有問題，還好意思說前任的壞話！不是有人說『分手見人品』，他的人品肯定不行。」

她補充道：「再說了，我巴不得馬上跟他撇清關係，我怕跟這樣的人相處了三、兩天，我也成了他口中的下一個前任，被貶得一文不值，多可怕！」

倒也是，當著「預備現任」的面說前任的種種是非，這種行為更像是在強行為自己洗白，將所有的責任和罪狀都推給前任，以此來討好眼前人罷了。

可那個人分明是你曾經義無反顧地深愛著的人，如今卻可以理直氣壯地將她「出賣」，那還有什麼事情是你做不出來的？

生活很不可愛的地方就在於，它經常讓那些懂事的人來承擔糟糕的感受和結果，反倒是那些特別不懂事的人卻顯得理直氣壯，還抱屈銜冤！

在我們身邊，有一類叫作「有知無識」的人，其共同點是，自認為了不得，總覺得對方是在占自己的便宜；自以為深情無限，總覺得別人是無情無義。他凡事都能用專業的、有邏輯的方式為自己辯解，其「知」的強大掩蓋了其「識」的無良！

比如，明明就是想找個「像媽一樣勤勞」的女生來伺候自己，可他做不到像兒子那樣乖巧聽話；明明就是想找個「像女兒一樣乖巧」的女生來黏著自己，可他又做不到像爸爸那樣會疼惜人！

整天遊戲人間，只知道抱怨運氣不佳或懷才不遇，居然也好意思抨擊別人「嫌貧愛富」；天天都是在混吃等死的狀態，就知道說「以後……」、「我保證……」，居然還有臉去笑話別人「寧可坐在BMW車上哭，也不坐在腳踏車上笑」。

其實，在愛情面前最棒的心態是：「很高興你能來，也不遺憾你離開。我的一切付出都是一場心甘情願的投入，我對此絕口不提。你若投桃報李，我會十分感激；你若無動於衷，我也不灰心喪氣。直到有一天，我不願再這般愛你，那就讓我們一別兩寬，各生歡喜。」

一如作家王小波作家所言：「我愛你愛到不自私的地步，就像一個人手裡一隻鴿子飛走了，他從心裡祝福那鴿子的飛翔。」

特別提醒一下，勞燕分飛這件事，可以自尊自愛，但不要自命不凡；可以厚顏，但不能無恥。

02

王磊傳訊息和我抱怨道：「我就搞不懂了，為什麼有的人就那麼好意思，自己的車從來不外借，卻大方地借別人的車，借了又不主動還，還的時候又什麼都不管！」王磊說的「有的人」，其實是他的同事N。

大約半年前，王磊就拿到駕照了，可是當時存款不夠，買車的計畫只能先擱置了。但是王磊想練車，就找N借，N託辭無數，向王磊連連轉貼了十幾則貼文，都是類似於「借車又出慘事，你還敢借車嗎」。當時我支了一招給王磊：「去租一輛吧，也沒多少錢，還不至於欠人情！」

可就在前不久，N卻向王磊開口借車。理由是他們一家人要出遊，自己的車太小，不如王磊的新車寬敞。一向老實的王磊二話沒說就答應了。

大約過了一個星期，王磊還不見N來還車，就電話問N，結果N的回答是：「我以為你不急著用，那我明天就還你！」

三天後，N才將車還給了王磊。拿到車的王磊傻眼了，新車的尾部有多處擦痕，而

N卻隻字不提。等到王磊再次詢問N，N卻無辜地說：「你也知道，我開車很小心的，這應該不是我弄的。」

王磊一下就爆了：「我一共就開了三天，交給你之前還仔細地洗了一遍，你用完就這副德行了，不是你弄的是鬼啊？」說完就將N封鎖了。

一個人的心眼可以小，但是不能缺；脾氣可以好，但不能沒有！

你的朋友中有沒有這樣的人：「誰有某某網站的會員？我想看一部沒有廣告的電視劇。」、「誰有做設計的朋友？幫我設計個封面吧。」、「萬能的朋友們，求幫忙轉發一下。」

我只是好奇，影視網站的年費會員也不過是你吃一頓速食的價格，你為什麼不能自己訂就好？設計封面這件事，你開口之前準備付費了嗎？轉發廣告這種事，在你看來真的是舉手之勞嗎？

其實，並不是每個人都是值得你去幫一把的。因為那些習慣了貪便宜的人，你想拉他，他連手都懶得伸。

對於這樣的人，你只須低調遠離，犯不著高調攻擊！

朋友之間，互相幫忙是肯定要有的，但「幫」的本質是助其一臂之力，而不是變成他的手臂；是和他一起完成或經歷，而不是取代。

比如，求助的人本來就有八分力，你只須幫他兩分就夠完成任務了。可他看見你伸手幫忙了，他立刻就降到五分，你就得拿出五分力去幫；等你拿出五分力的時候，他可能又降成了三分。最後，你會發現，他所謂的「幫我」等同於「你替我全都完成了」。

結果是，你忙得熱火朝天，在他看來也不過是舉手之勞；他閒得像個甩手掌櫃，在你豐富多彩的世界裡遊山玩水。

人與人之間，真的沒有那麼多的舉手之勞！

對於這類愛占便宜的人，千萬不要試圖用道德、修養、素質、交情來「綁架」自己和他們繼續做好朋友，因為你很快就會得出這樣的結論：他真的好討厭啊！

當然了，你也不要指望那些愛占便宜的人會比你早一天幡然醒悟，然後良心發現向你致歉。

壞人的策略大體是相似的，比如，一旦說出了那句著名的「對不起」之後，就說明他準備繼續對不起你。

03

網路上有個有意思的對話。

A問B：「如果你中了五百萬，第一件事做什麼？」

B指著手機說：「打電話借錢，把所有認識的朋友親戚借個遍。」

A好奇地問：「你不是中了大獎？怎麼還跟別人借錢！」

B回答說：「他們這次不借錢給我，我看他們到時候是不是還有臉跟我借錢！」

人情的遊戲規則是：你今天借了我半勺醬油，明天我一定要送你兩顆雞蛋。而不是將別人的幫襯當成舉手之勞，然後理所當然地享用。

求助或者拒絕幫助，除了脾氣、個性、關係親疏之外，還在於你的實力和底氣。

敢求助的底氣不該只是因為你迫切需要，而是你不怕成為別人的麻煩，因為你相信自己還得起；敢拒絕的底氣是，你不怕得罪誰，因為你相信他惹不起你。

其實，人人都吃「擺架子」這一套。

你細想一下，以前你訊息秒回，稍有共鳴就掏心挖肺，幫起忙來熱血沸騰。**有多少**

人領了你的情，又有多少人視你的熱心腸為理所當然？

以前你害怕得罪人，不敢要求，不敢說錯話，怕冷場，怕被忽略，怕對方不高興，誠惶誠恐地面對所有人。**你得到相應的尊重了嗎？**

比如有人找你借錢，你沒借給他，他大概會跟你翻臉，或者補一句：「唉，世態炎涼！」然後不免詆毀你兩句：「你太不夠義氣了，我要是有一百萬，一定分你一半！」當然了，他說這句話的大前提是他從來就沒有過一百萬，他既不知道賺一百萬的艱難，也不知道瀟灑送出一半家產需要多大的決心。他所謂的「一百萬」，更像是賣火柴的小女孩劃了一根火柴之後看見的。

人性的醜陋之處在於：如果你每天給人一塊錢，他習慣了，一旦你哪天沒給，他就會記恨你；可如果你每天給他一個巴掌，他習慣了，一旦你哪天沒打了，他還會跪謝你！

所以我的建議是，當他遲到了你就先走，當你不想做就大大方方地說出來，當遇到冷場了也絕不故作喜感……當你收回多餘的熱情，收起不被需要的關懷，並逐漸增長本事的時候，你會慢慢發現，自己竟然被尊重了！

壞人的策略大體是相似的，
比如，一旦說出了那句著名的「對不起」之後，
就說明他準備繼續對不起你。

當你收回多餘的熱情，收起不被需要的關懷，
並逐漸增長本事的時候，
你會慢慢發現，自己竟然被尊重了。

THEME 16

脫單不如脫脂，脫脂不如脫貧

01

琴子已經二十七歲了，目前在一家教育培訓機構擔任行政助理。大學畢業她就開始做這份工作，迄今為止，工作內容和薪資幾乎沒有任何變化。

在很長一段時間裡，琴子的日子過得很苦悶。平日裡除了走馬看花地相親、期待著嫁個高富帥之外，幾乎沒有別的期盼。

有一天，琴子私訊我：「老楊，你快罵罵我。」我好奇地一打聽，才知道她找罵的原因是她前陣子交房租，還伸手向父母要錢。她很自責，她覺得這個年紀了還讓父母操心，實在是不孝順。

琴子的父母都是鋼鐵廠的老員工，一輩子都勤勤懇懇，日子卻過得很簡樸，他們都盼著琴子能早點嫁個好人家。可琴子相親的頻率遠超出她不遲到的頻率，通訊軟體裡每年新增的優質男人數甚至比她年終獎金的數字還多，可是她依然還是單身。

我問琴子：「我記得上次你說你在談戀愛啊，而且是個鑽石王老五呢，怎麼這麼快就變成單身啃老族了？」

她說：「那個男的ＥＱ實在太低了，跟他聊天，就像是在教一隻哈士奇做人，身心俱疲！」

我笑道：「人家是公司副總，ＥＱ是你不可想像的，他怎麼可能是哈士奇，更像是在遛你這隻哈士奇吧！」

琴子回我：「讓你罵我，你還真罵啊。但你說得沒錯，我和他分手，就是因為發現他同時跟三、四個女生交往！我真是太笨了，滿心期待，結果發現自己像個大傻子似的被人玩了！」

我只回了一句話：「小姐，就你的現狀而言，脫貧比脫單重要得多啊！」

我所謂的脫貧，不是指勉強地解決自己的溫飽問題，而是還要有實力去讓自己珍重的人過得安逸、舒服；不是指卑微地嫁給一個長期飯票，而是在他的家人要求你再生一胎時，可以堅定地搖頭說「不」。

脫貧不是拜金，而是指你要有能做自己的本錢、敢做自己的底氣。但凡是算計著如何嫁入豪門做闊太太的女孩，多數都成了渣男收割機，或者被當作生育機器。

感情的事，真是急不來、求不得的。現在「沒人要」總比「尋錯了人」強，因為一個像是沒吃飽，一個像是吃出了半條蟲子。

很多女生都有「飛上枝頭變鳳凰」的幻想，或者釣個「金龜婿」的夢；很多男生也會默默地想「娶個銀行，少奮鬥幾年」……可這些都不過是一種想不勞而獲的幻想罷了，等同於天方夜譚！

首先，有錢人結婚前，多半會先進行婚前財產公證，這是常識；就算不公證，他也會讓你心知肚明：他的腰纏萬貫跟你沒有半毛錢關係。

其次，有錢人更願意直接去找門當戶對的另一個豪門，這樣省時省力地就能找到一個與自己價值觀一致、實力相當的人。這樣的兩個人更懂得互相尊重，不會覺得對方該做什麼，不該做什麼；除了身分證上的性別欄外，兩個人精神和物質都富足、平等。

那麼，像你這樣家境一般、長相一般、能力一般、EQ一般的人，哪來的底氣讓你一心想著要嫁入豪門呢？

很現實地說：你可以幻想有個人來照顧你一輩子，養你一輩子。但請你永遠記住，經濟獨立才是你最應該追求的目標。因為世間萬事風雲莫測，誰都不是孫悟空，你喊一聲「齊天大聖」，他就來了；誰也不是「都教授」（《來自星星的你》男主角），你有什麼難處了，他瞬間就會出現。

只有你錢包裡的現金才能讓你挺起腰桿做人，最終能讓你長久心安的，也一定是你自己。

隨著年紀增長，你會慢慢地發現社交的種種不堪。因此，掌握生存的技能，踏踏實實地賺錢，認認真真地提高獨立的能力，永遠都不會錯。

少浪費些心思跟那些八竿子打不著的人鬥智鬥勇，多留些精力用在賺錢和自強上。殘酷的現實是：你弱的時候，壞人就漫山遍野；你窮的時候，倒楣事就逆流成河。

02

不是所有單身的人都著急脫單，也不是所有剩女都希望有人追，有些旁人眼中的「怪咖」對談戀愛的熱情很低，他們只想悶聲發大財。

成天在男人堆裡討生活的娟子就是這樣一位女子，她在一家金融公司工作，年薪四、五十萬人民幣，始終以「黃金剩鬥士」為榮。

我問她：「你這麼能幹，為什麼還單身？」

她說：「我問過一些玩得不錯的男性朋友，他們都說我長得醜。」

我笑著說：「男生說女生醜，多數是說還可以，就是性格偏男生而已。」

她捂著嘴巴笑：「天哪，那我知道我為什麼沒人要了，大概是，長得還可以，但不會撒嬌。別人是喝點酒就是梨花帶雨的嬌羞，我喝點酒就像是梁山好漢附體了似的。」

你瞧瞧，聰明的人，什麼事都能講出「單口相聲」的效果。

我又問：「總在男人堆裡插科打諢，難道真不怕嫁不出去嗎？」

她瞇著眼睛，笑嘻嘻地對我說：「同事們也說了很多次，但我真的無所謂，因為我一個人過得蠻舒服的。」

我又問：「那你怕過什麼？」

她說：「其實也沒什麼太害怕的，但如果誰要是說我發不了財，我肯定能好幾個晚上睡不著覺。」

她接著跟我講了兩件小事，再次說明了為什麼她要將賺錢擺在比脫單更重要的位置上。一次是逛商場，她看到了一件很喜歡但特別貴的限量版包包，它只有最後一件了。巧合的是，就在娟子猶猶豫豫的時候，另一個女生出現了，她二話不說，連貫動作是：掏卡、結帳，走人……

你看，錢沒了，還可以再去努力再去賺，但好看的包包被人搶光了，就永遠都沒機會再背上了。

原來，**機會只留給那些準備了錢的人！**

第二件事對娟子的刺激更大。娟子的出身很平凡，父母為了供她上學，已經有些力不從心了，所以與親戚間的來往更像是「君子之交」，物質上的來往很少。所以逢年過節的，無論娟子去哪個親戚家，都會是最不受待見的小朋友。

等到娟子畢業了，並逐漸在事業上取得成功之後，事情發生了一百八十度的轉折：親戚們對娟子的重視程度提升了好幾個層次，對娟子父母的問候也明顯多了起來。

娟子說：「我倒不是多麼愛慕虛榮，但被人在乎、被人重視的感覺真的很好。」

殘忍的現實就是這樣，十年前，別人以你父母的收入對待你；但十年後，別人會以你的收入來對待你父母。

有錢你才能在年紀輕輕的時候就過自己想要的生活，而不是等到七老八十才頻頻回首，滿是遺憾；有錢才能擁有自己喜歡的東西，而不是在遇見了它時，發現錢包空空，只能尷尬地扭頭走掉。

有錢才能在你傷心難過的時候去最貴的餐廳大吃一頓，而不必對著菜單上的價格斤斤計較；有錢才能在你被人拋棄後，依舊住得起兩房一廳的房子，而不至於流落街頭、孤苦無依。

有錢你才能在面對愛情時不會因為錢和誰在一起，也不會因為錢而離開誰；有錢你才能讓自己追逐詩和遠方時，能住一間隔音效果好一點的飯店，選一個時間合理一些的航班。

有錢的意義並非是肆意揮霍，而是擁有更多的選擇；因為有錢，你可以不斤斤計較、不鑽營奉承。

03

在五光十色的城市裡，在洶湧的人潮中，單身的人難免會湧起盡快脫單的念頭。

比如，在擁擠地鐵裡，你看到別的女孩子被男朋友貼心地護在懷裡，而自己勇猛得像個男的；此時包包被人堆用力地夾著，下一站就要下車了，可前面站滿了虎背熊腰的男人……

比如，一個人租房子，偌大的行李箱比自己還重，搬到一半的時候已經汗流浹背了，氣喘吁吁地在路邊坐著休息，還要小心翼翼地躲著路人拋過來的同情眼光；剛放下行李箱，網購的衣櫃又到了，可組裝了好久也組不好，最後崩潰地坐在地上……

比如，期待已久的假期到了，精心打扮了好久，剛出房門又猶疑了一下：「我要去哪裡？和誰？」然後很快又回答了自己：「算了吧，在家洗洗衣服，收拾收拾房間吧。」

比如，讀國中的小妹妹對你訴苦：「大姐姐，我好難過，同學們都有很多朋友，只有我是沒人要的老女人了。」可你分明記得，在上個星期四，她還偷偷地告訴過你，前桌的那個男朋友，替她的QQ[8]儲值了年費會員。

比如，最新的電影上映了，你超級喜歡，可想了半天都找不到一個能一起看的人；比如在超市的貨架上看到了心儀已久的檯燈，可踮起腳尖也搆不到最上面那一層；比如一個人在醫院裡繳費、打針；比如在火車站的人海裡擠出了一條路來，然後，一個人抱緊行李，警惕地看著每一個人。

單身久了確實容易得心病，比如變成「幻想高手」。

如果誰要是抽空關心你一下，你恨不得把自己免費送出去；路上不小心有誰蹭了一下你的胳膊，你連你們的孩子在哪裡上學都想好了……

但我還是得再次提醒你：寧缺毋濫，一定會得償所願；慌不擇路，必然會悔不當初！你當前的寂寞和迷惘，猛一看是缺愛，但如果有錢了，百分之九十的問題都能夠解

---

8 編註：中國騰訊公司推出的一款多平臺即時通訊軟體。

決掉。

可你每天想什麼呢？中午吃什麼，下午玩什麼，晚上要不要追這部劇，出門要不要洗頭，都十二點了怎麼還沒有人約，快遞怎麼還沒到，意中人怎麼還沒有出現，什麼時候能夠腰纏萬貫……

然後，儲值五十塊人民幣的電話費，就像是要你的命一樣難過；再儲值五十塊人民幣的交通卡，又跟要你的命一樣痛苦；如果網路上買個東西要付運費，那簡直是和要殺了你一樣……

親愛的，在你有一身臭毛病、一堆窮酸問題要解決之前，還是想想怎麼脫貧吧。只有你不斷剔除掉身上的壞毛病，累積美好的東西，你才能在遇見那個人的時候，有底氣挺起腰桿，傲嬌地自我介紹。

在你庸俗、窮酸的時候，還是想方設法去努力學習、用心工作，增添生活的樂趣，發現生活的美好，而不是想方設法地把自己交代出去！

至於那些你喜歡了很久但對你不感興趣的人，你趕緊從他的全世界路過吧。將那些矯情、自憐的時間用在關心和支持身邊的人，用在健身、讀書、賺錢上。

當你變成了一顆金光閃閃的小太陽，自然會有無數的星球向你靠攏。

等你才貌雙全，有錢又有閒的時候，你就可以對那個「回心轉意」的男生說：「你確實是個好人，但現在的我實在是太優秀了，你根本就配不上我！」

脫貧不是拜金，
而是指你要有能做自己的本錢、
敢做自己的底氣。

十年前，別人以你父母的收入對待你；
但十年後，別人會以你的收入來對待你父母。

寧缺毋濫，一定會得償所願；
慌不擇路，必然會悔不當初！

THEME 17

幽默是最好的調劑，也是最高級的防禦

01

高中時印象最深的人當屬張老師。

張老師是教歷史的，三十出頭的年紀，卻是一副不討人喜歡的老學究模樣——黑框眼鏡、身材瘦長，平日裡幾乎不跟人搭訕，但聽了他一節課，我就對歷史上癮了。

第一天上課，他是這樣自我介紹的：「我姓張，記得我姓什麼就行了，因為告訴你們我的名字，你們也不會喊。據我統計，喊我『張老師』的機率高達百分之九十九，他們全部滿分畢業；另外喊我全名的那百分之一，最後都被我折磨得退學了。但我還是得強調一下，人權自由，你們隨便喊。另外……」

他清了清嗓子，接著說：「我希望你們記住我的容貌，這有助於提升審美能力。相信大家也看到了，我五官很普通，但我的笑容足以讓你們印象深刻。畢竟別人是笑裡藏刀，我是笑裡藏『嘴』。我張著嘴巴笑，就滿臉是嘴（皺紋）；我閉上嘴巴笑，就滿臉是牙（粉刺）。」

他一邊說著，一邊張嘴、閉嘴，認真地向大家展示他臉上的那些「寶貝們」！臺下自然是掌聲、笑聲一片。

講戰國，他說：「年紀輕輕的都別自稱拖延症、懶癌了，你們比戰國時期的范雎好太多了。他是有歷史紀錄以來，最早患有拖延症，且懶癌最嚴重的人。為什麼呢？『君子報仇，十年不晚』說的就是他！」

有人在歷史考試時交了白卷，他說：「我真的很感激這幾位，謝謝你們，寧願自己考零分，也沒有篡改歷史！萬分感激！」

講到唐朝的婚娶風俗，他說：「古代人講的是父母之命、媒妁之言，現如今講求自由戀愛，這都沒什麼毛病。但是……」說到這時，他走到教室門口，把門關上了。然後一本正經地說：「關上門，大家就是一家人了。你們在教室裡找戀愛對象，不是自由戀愛，是亂倫！」

上課的次數多了，我和他也就小有交情。

我問他：「生活中您也是這麼幽默嗎？」

他說：「我不覺得自己幽默，只是不想讓我的存在變成大家的折磨罷了。生活中的我很普通的，只是比別人要樂觀一些，再不滿意的事，我都往好的方面想。記得有一次，我不小心掉進水溝裡了，場面糗到不行，但轉念一想，說不定剛好有一條魚，鑽進了我的口袋裡。」

他的這個「轉念一想」，讓我終生難忘。

是啊，對生活不滿意又能怎樣？說的就像是生活對你很滿意似的！

幽默是一種身體乳液，它能使你避免許多的摩擦和痛苦。它可以用來緩解衝突，扭轉戰局，讓你全身而退，甚至是不戰而勝。

與人意見不合，到了快翻臉的地步，不妨適時地幽默一下，事情可能就會有轉圜的餘地。

與戀人冷戰正酣，甚至到了提分手的程度，不妨就找個機會傳個笑話，很可能就峰迴路轉。

一群人相聚甚歡，但你的容貌、才華、財力都不占優勢，不妨用一段話把大家逗樂，很可能你就是最出風頭的那位。

幽默自帶一股拯救的力量。生活讓你出糗的時候，你要做的就是回它一個鬼臉——大不了，吐吐舌頭而已。

惱火有什麼用？摔的東西要自己賠。哭有什麼用？妝花了得自己補。

02

幽默的人往往都懂得自嘲。

有著「中文拼音之父」之稱的周有光在自己一百零九歲大壽壽宴上幽默地說：「上帝太忙，把我忘了。」

演唱會票房慘澹，面對著為數不多的歌迷，羅大佑幽默地說：「來這麼好的地方聽演唱會，你們從來沒有這麼寬敞舒服過吧？」

蘇格拉底面對自己潑辣的妻子會說：「討這樣的老婆好處很多，可以鍛鍊忍耐力，加深修養。」

面對媒體上流傳的「曾有過一個雙胞胎弟弟意外溺亡」的傳聞，馬克．吐溫曾說道：「最令人傷心之處在於，每個人都以為我是活下來的那一個，其實我不是，活下來的是我弟弟，淹死的是我。」

自嘲就是嘲笑自己、抨擊自己，甚至是醜化自己。但這種策略卻極其高明，因為對手再怎麼惹人厭煩，也會馬上閉嘴；如果遇到的對手臉皮比較薄，他甚至還會反過來安慰你。

換言之，自嘲是一種更高級的防禦手段，它能把自己從某個漩渦中拉回到安全地帶，之前因為壓力，因為被質疑，因為不自信，因為出糗而產生的焦慮、不安、失望、難過、孤獨、寂寞都會暫時消失。

他不是嘲笑你這件事沒做好嗎？你就順著接話：「對啊，都說無才便是德，我一定是太缺德了。」

他不是看不慣你待人接物的方式嗎？你就告訴他：「我爛泥一灘，鄙視我的人太多了，不差你一個。」

他不是嘲諷你的身材走樣嗎？你就接過話去：「其實也有好處，比如今天下樓梯摔倒了，居然一點都不疼，幸虧有這麼多肉墊著。」

懂得自嘲的人，就像是隨身攜帶了一座避難所。

人們希望把自己美好、精緻且正常的一面展現給別人看，把那些丟臉、可笑並自卑的一面藏起來。可生活是個戲劇大師，它既會編劇，也愛看戲，尤其是看你出糗。

於是，它在眾目睽睽之下，讓你摔個「狗吃屎」；在精心準備的生日宴上，讓你意外頻發；在期待已久的榜單上讓你名落孫山；又或者是你被大風吹出了怪異髮型，被大雨淋成落湯雞，被沒本事的某某當眾奚落……

這些難以避免又無法預料的糗事層出不窮，並逐漸「接管」了你的情緒。這些倒楣的、失落的、苦悶的、絕望的情緒就像是生活中不請自來的敲門客，它們看似無禮卻有力量，看似歹毒蠻橫，你攆也攆不走，推也推不開。它就站在你的心底，蠻橫不講理地說：「現在開始，這裡我說了算。」

你一度覺得無助，甚至惱火，覺得這是生活在故意刁難你。可事實上，人生不如意者十有八九，任何事講白了、拆開了說，都透著一股悲涼。

你已經是大人了，也該明白，生活本就沒有「容易」二字。與其淒淒慘慘戚戚地自憐，不如「幽自己一默」，用自嘲去抵擋命運偶爾的不懷好意，尷尬僵化的氛圍馬上就會出現清風拂面的效果。

自嘲是幽默的最高境界。它是用貶低自己的方式來保護自己，讓別人在攻擊你之前就識趣地閉上嘴。

不是一路摔跤摔過來的人，達到不了這等境界。但凡是吃過苦的人，往往能夠理解開懷大笑背後的酸楚，也知道自嘲是面對不完美人生的最好辦法。

真正的自嘲，是保持某種距離凝視自己，是將別人眼中的自己和實際上的自己進行對照，並感到滑稽、幽默，進而欣賞和接納。這和粗野的嘲笑、無意義的譏諷、攻擊性的調侃是不同的。

需要強調一下的是，當你遇見別人在難過、出醜、失敗的時候進行自嘲時，既不用鼓勵他，也不用安慰他，因為你嘴上安慰的「其實你挺好的」和「再努力試試看」之類的話，相當於把那些他們努力在丟掉的壓力、沮喪又重新拾起，並拋還給了他們。

對於此類自嘲的人，更好的策略是，「好巧哦，我也是那樣」，或者說「來來來，抱抱，我們可是同病相憐啊」。

生活本就是一幕又一幕的黑色幽默劇，身處其中的我們要學會既接納黑色，又記得幽默。

03

這確實是一個需要幽默的時代，可惜只有極少數人能掌握幽默這門功夫的精髓。

你以為「隨便動動嘴皮子，說一些不著邊際的話，抨擊一下朋友的缺陷，然後讓人跟著發笑」就是幽默？在旁人看來，你可能只是一個大寫的尷尬。

你以為「沒有話題硬找話聊，本就木訥偏要假裝幽默，然後重複說一些講過無數遍的二手笑話」就是幽默？在聽者看來，你就像是一個無聊透頂的小丑。

幽默若是恰到好處，就像是喜宴開席；如果幽默得不好，就是車禍現場。

從交際的層面看，幽默的反面不是無聊和無趣，而是無禮和冒犯。

可偏偏有太多人，將粗俗至極的黃色笑話、無聊至極的戲弄、口無遮攔的嘴賤、沒心沒肺的誹謗當成幽默。他們活成了小丑的模樣，還自以為是舞臺上眾人矚目的諧星。

他們將「尖酸刻薄沒禮貌」視為「機智幽默萌萌的」；他們永遠分不清什麼是玩笑，什麼是嘴賤；他們最擅長把美妙的氣氛搞砸，把美麗的心情弄僵；他們沉浸在自以為是的「幽默」裡，卻看不到自己教養的奇缺。

真正的幽默是成熟的。別人自嘲時，不會附和；別人糗了，不會摻和。對已經發生的糗事，盡可能地裝作不在乎；對已經產生的囧狀，盡可能地去自嘲。

這樣的你，在喧鬧時能旁觀，在狼狽時會克制，在敵意面前會反思，在該有主人翁的時候能鎮得住場，不該有的時候能心安理得躲在一旁不多話。

無論任何時候，只要是因為你開的玩笑導致別人生氣了，你就應該反省並道歉，而不是反過來質疑別人：「你太敏感了」。

對生活不滿意又能怎樣？
說得就像是生活對你很滿意似的！

幽默若是恰到好處，就像是喜宴開席；
如果幽默得不好，就是車禍現場。

真正的自嘲，是保持某種距離凝視自己，
是將別人眼中的自己和實際上的自己進行對照，
並感到滑稽、幽默，進而欣賞和接納。

THEME 18

內向的人，不必羨慕別人的譁眾取寵

01

週末去聽了一場演講，主題是「內向的人需要改變自己的性格嗎？」主講人是位軟體創業者，在業界也算小有名氣。臺上的他穿一身黑色禮服，戴著大禮帽，再加上大廳裡的燈光被調得很暗，讓人有種錯覺，他會在演講的某個段落變個魔術，或者玩一把噴火的把戲。

他先是講了一個小故事，說他在大學的自修室裡對一位女生動了心，經過無數次的掙扎和自我激勵，他鼓足勇氣遞給女生一張小紙條：「你好，能和你交個朋友嗎？我是你後桌那個戴帽子的男生。」

大約過了五分鐘，女生走到他面前，輕聲說：「我要走了，你要不要一起？」

然後，他說了一句他自認為是這輩子說過的最經典的話：「你先走吧，我還有道題目沒做完……」

臺下的人笑成一團的時候，他清了清嗓子，大聲問：「你們有沒有覺得，內向的人活該沒人愛？」

然後，他講了第二個小故事，說他初入職場時，公司辦了一次體檢，其中有一項是驗尿，每人發了一個小杯子。他當時不知道需要裝多少，也羞於向工作人員詢問，於是接滿了。當天體檢的人很多，廊道裡都擠滿了人。他又不好意思請前面的人讓一下道，於是就小心翼翼地「蠕動」前行。

當時接待他的醫生是個大嬸，見他端著滿滿的一大杯，大聲問：「弟弟啊，你是來敬酒的嗎？」

臺下再次笑成一團。他又大聲問：「你們有沒有覺得，內向的人活該被人笑話？」

等到大家笑得差不多了，他再次提問：「你們看得出來我是個內向的人嗎？」眾人齊搖頭。

他認真地說：「別看我現在站在臺上話很多，其實內心是在敲鑼打鼓！」他說自己上了十幾年的學，主動舉手回答問題的次數為零，更別提向女生表白了。在人生的前三十年裡，旁人貼在他身上的標籤都是：不主動、不合群、很悶。他也曾為此苦惱過，也試圖讓自己外向一些，畢竟，在這個「會哭的孩子有奶吃」的時代，他也擔心會因此而失去一些機會。

但是，在試圖變得外向的過程中，他又發現，那些外向的人做的事、說的話在他看來都無聊至極、彆扭至極，因此而產生的煩瑣事情更是像槍林彈雨般向他襲來。他躲不掉，卻也承受不起。如果說內向性格會失去的是一些機會，那麼假裝外向失去的則是全部的快樂。

直到有一天，那個女生偷偷告訴他「就喜歡內向且認真的男生」，直到他悶在辦公室裡寫了三個月的軟體被某個大公司高價買走了，直到他查了無數資料、修改無數遍的程式拿到了某個大獎，直到自己獨自打拚的公司小有所成了，他才明白，內向並沒有什麼不好，不好的是沒有真本事！

交際圈子的擴建和維護，並不是建立在你傲人的技能上，而在於你能為朋友做什麼，以及做了什麼；職場中的競爭力，不是仰仗於你攀談的天賦，而是你有多少貨真價實的本事，以及能為公司賺多少錢。

當然了，我們都得承認，活潑開朗的人確實更容易討人喜歡，相比較於坐在角落裡發霉的人，誰都會喜歡那個站在舞臺中央、能說會道、左右逢源的人。

但是，如果你骨子裡就是個內向的人，假裝外向就會有一種東施效顰的效果。你就像扮演一個和自己性格截然相反的角色，就像穿了一件尺寸嚴重不合身的衣服，你行動不便，身心俱疲，哪有什麼快樂可言？

你覺得一個人窩在家裡看書比跟一大群不熟的人去唱歌更快樂，那勉強自己的後果只會是：書也沒看成，還在ＫＴＶ包廂裡尷尬得要死。

你覺得一個人躲在辦公室裡加班、吃泡麵比跟著爸媽去參加大人物的酒會更自在，那勉強自己的後果只會是：你討厭遊戲人間的自己，你爸媽也討厭不會左右逢源的你！

與其這樣撲進人潮之中，假裝和世界擠成一團，不如就接受了那個內向的自己。然後，默默出力，暗自承受。等到你做出了成績，有了一番作為，別人就會對你說：「你哪裡是內向，分明是內秀嘛！」

所以說，內向是優點還是缺點，得看你的本事有多少，就像區分「賣萌」是褒義還是貶義，得看你的長相如何。

02

在聽這場演講的過程中，我突然就想到了劉卓。劉卓是我們大學公認的獨行俠，不論是上課、自修，還是吃飯、運動，他都是獨來獨往。如果不是在一場辯論賽上看到他有理有據、聲情並茂地大殺四方，我有很長一段時間都以為他是個啞巴。

平時上課見不到他舉手發言，見面了打招呼都是象徵性地點頭示意。當別人在課堂上激烈討論問題的時候，他總是呆頭呆腦地盯著課本，一言不發；當有人為了讓選修課的老師留個好印象，而提一些八竿子打不著的問題時，他兀自趴在桌子上，認真地寫著些什麼。

當然了，推選班級幹部或者評選優秀學生，沒有人會想到他。

直到畢業前夕，當大家都在費盡心思地增加履歷的美感、個性和厚度時，他的履歷還是一頁普通的Ａ４紙；當大家都在求救面試要穿的服裝搭配教學、四處求問面試的禮儀和技巧時，他還是準時地去圖書館自修。

結果出乎所有人的預料，他是新聞班唯一一個被外國媒體公司錄用的人。他的殺手鐧是曾發表過的學術論文、獲獎的攝影作品、翻譯過的短詩、小說，以及二十多萬字的新聞評論。

原來，當別人在對娛樂事件侃侃而談的時候，他正埋頭替當天的新聞事件寫深度評論；當別人在熬夜追劇、玩遊戲的時候，他正在逐字逐句地翻譯一部詩集；當別人在假期裡擠進人海中自拍的時候，他正捧著鏡頭在街頭拍攝社會百態；當別人勾肩搭背地參加各種聚會時，他正和幾個同樣內向但志趣相投的人談笑風生……

原來，內向的人也有外向的天賦，只是沒辦法跟不在同一層次的人瞎聊。

原來，獨來獨往不都是因為內向，還有可能是由於卓越，所以敢與眾不同。

誠如猛獸總是獨行，牛羊總是成群結隊。

詩人汪國真在《孤獨》中寫道：太美麗的人，感情容易孤獨；太優秀的人，心靈容易孤獨，這是因為他們都難以找到合適的夥伴。就像太陽是孤獨的、月亮是孤獨的，星星卻顯得繁多且喧譁。意志薄弱的人為了擺脫孤獨，便去尋找安慰和刺激；意志堅強的人便去追求優秀、充實個性。他們的出發點一樣，結局卻有天壤之別，前者因為孤獨而沉淪，後者因為孤獨而昇華。

內向的人其實更理性，也更謹慎，不會因為有人勾搭一下，再唱幾句「小兔子乖乖」，就隨隨便便地把心門打開。

內向的人擁有自己的後花園，園中花香四溢，滿是奇珍異草，但他不會輕易對外人開放。志同道合的人可以到此一遊，情趣相投的人被允許偶爾光臨，而那些浮在表面的熱情和流於形式的熱鬧，都被拒絕入內。

我希望你和誰都不爭，是因為你在能力上有壓倒性的優勢，所以你不屑於爭，而不是因為「和誰爭，你都不行」！

03

很多內向的人其實本質上並不內向，只是不想跟話不投機的人聊太多。就像很多看似外向的人其實本質上是內向的，只是到了他熟悉的環境、擅長的領域，所以變得侃侃而談，比如創業家羅永浩。

演講臺上的羅永浩總是給人一種「話很多」的印象，但他自稱是「很內向的人」。他說：「參加超過五個人的飯局，我就會全身不舒服，每次飯局後回家都要一個人狠狠讀一天書才能緩過來。記得去新東方當老師之前，有很多人說我：『老羅，你平時一天都不說幾句話，還能上講臺當老師？別開玩笑了吧！』但我不管，我內向的性格決定了自己不會被別人所左右，誰說內向的人不能當老師？」

你是內向，就努力向內秀靠攏，而不是強行改變自己的性格，憋出一身內傷！

要想在這個功利世界裡獲得認可，得到傳說中的「人脈」，你要做的是讓自己更厲害，以此作為拒絕那些無聊的人和事的底氣；你要做的是讓自己更有趣，以此來吸引另一群志同道合的有趣之人。

至於那個用「你想要啊，你想要你就說啊，你不說我怎麼知道你想要啊」來奚落你的人，請你繼續保持對他的「語言潔癖」。畢竟，一個見識有限、EQ缺乏的人，是不可能洞察出你沉默不語的真實原因的。

內向的人最好的生活態度是：風大了，就表現出逆風出列的風骨；風小時，就展現出積羽沉舟的耐心！

這個世界總是這樣：有人誇你有內涵，便有人說你不過如此；有人說你有個性，就會有人說你太能裝；有人說你很實在，就有人說你真虛偽。內向的人，真的不必在意旁人的七嘴八舌，更不必羨慕他們的譁眾取寵。

如果你每次都會因為別人的三言兩語就猶疑地停下腳步，如果你每次都會因為某些人的不認可就悶悶不樂，如果你每次都會因為別人的投機取巧而唉聲嘆氣……那你花費的青春歲月，除了得到猶疑、悶悶不樂和唉聲嘆氣之外，很可能一無所有。

歲月的「小人之仁」就在此，它會慢慢讓你識破生活真相，卻不會給予任何補償！

意志薄弱的人為了擺脫孤獨，便去尋找安慰和刺激；
意志堅強的人便去追求優秀、充實個性。
他們的出發點一樣，結局卻有天壤之別，
前者因為孤獨而沉淪，後者因為孤獨而昇華。

內向是優點還是缺點，
得看你的本事有多少，
就像區分「賣萌」是褒義還是貶義，
得看你的長相如何。

如果說內向性格會失去的是一些機會，
那麼假裝外向失去的則是全部的快樂。

THEME 19

你有多自律，就有多美好

01

你身邊有那種「就算老師不檢查，也一定按時完成作業；就算公司不考勤，也絕不藉故遲到；就算上司不監督，也會自覺做好工作；就算已婚，生活無憂，也依然能保持好身材」的人嗎？

我身邊就有一位，他叫艾維。

艾維是我高中時的死黨，大學畢業後去日本留學，如今在一家日商廣告公司當設計總監，前途一片光明。但是，惹人關注的不是他的精彩留學生涯、優越的工作、美麗的日本妻子，而是他自律的生活。

比如，他菸酒不沾，咖啡和茶不碰，每日五千公尺的跑步風雨無阻，每週兩堂健身課一次不落。吃的是當季果蔬，喝的是白開水；餐桌上頓頓有粗糧，魚肉從不吃油炸；調味料放得極少，過鹹過辣從來不吃……

對於這種自律到令人髮指的生活方式，有人曾問他：「明明是金字塔頂端、樣樣都好的人，過的怎麼是苦行僧的日子？」

他反問道：「肚腩越來越鼓，以此來證明時間這種材料的營養很豐富，難道就很驕傲嗎？」

關於自律，艾維比同齡者領悟得更深刻，也更透徹。他曾在一篇獲獎作文中寫道：「在離開父母之前，我尚且可以依賴爸媽，靠一點點小聰明和一些捉摸不透的運氣，投機取巧地活著。然而離家之後，真能讓我走得遠、走得快、走得踏實的，還得靠自律和勤奮。」

再轉頭看看我們周圍，有多少剛出校門、剛結婚的男男女女們，他們挺著肚腩，雙目呆滯，皮膚鬆弛，腳步拖沓……

他們在庸常生活中失去了逐夢的熱情，只能跟著別人喊口號「人生在世，吃喝二字」；他們在朝九晚五的工作中磨滅了個性，如今也只能是「今朝有酒今朝醉，明日愁來明日愁」……

看到別人做出成績了，他們悔不當初：「如果當初我知道，我也能做到……」上進了三秒鐘就累了，又自我安慰道：「至少我比某某某強……」

久而久之，他們將一切的不如意歸結於宿命，心不甘情不願地念著「命裡有時終須有，命裡無時莫強求」。

夢遊似的活著，確實也有一些事是會隨著時間越變越「好」的，比如，以前你是胖，現在是「好」胖！

都說「物以稀為貴」，其實「自律」也適用於這個原則，正是因為只有少數人能做到自律，所以只有少數人的人生是無限精彩的。

很多時候，輕鬆、容易、爽快的同義詞是變醜、邋遢、落後、失控，等於有害。

熬夜看電視劇、泡酒吧、逛夜店、紋身、買醉……這些事情看起來很酷，但其實一點難度都沒有，只要你有點錢、有點閒就都能做到。但更酷的是那些不容易的事情，比如讀完一本書、堅持早起、有規律的健身、穩定體重等。這些在常人看來無聊且難以長久的事情，才更加考驗一個人，也更加鍛鍊一個人。

高度自律的人早起早睡，在其他人賴床的時候準備好了精美早餐，又在別人熬夜玩遊戲、追劇的時候養足了精氣神；他們勤於鍛鍊、敢跟枯燥、無趣的生活硬碰硬，所以才有了馬甲線和腹肌，有了學富五車，所以才有了一路綠燈的快意人生。

他們始終節制著自己的欲望，以便保護自己的初心……這種對本能的抑制，賦予了他們某種優雅的氣質。

我的建議是，**不管環境多麼縱容你，都要對自己有要求**。對自己有要求的人，連老天都不忍心辜負。一邊隨波逐流，一邊抱怨環境糟糕的人，最失敗！

02

見到大潘時，他已經瘦出了人形。是的，沒錯，一百八十公分的大潘，從之前的一百一十多公斤瘦到了八十公斤。

時間回到兩年前，體重嚴重超標的大潘去醫院體檢。結果是，驗完血糖，醫生告訴他：「你的問題太嚴重，需要馬上進一步檢查。」驗完肝功能，醫生告訴他：「你的問題很嚴重，需要馬上住院治療。」量完血壓，醫生提醒他：「你的問題非常危險，需要馬上住院觀察。你和誰一起來的？怎麼沒人扶著你？」……一次體檢下來，五、六個部門的醫生相繼通知他：「你需要馬上住院治療。」

大潘不信，拿著體檢單去給在醫院當醫生的朋友看。朋友只說了一句話：「你要想死，就回家繼續現在的生活模式，要想活下去，就去拚命減肥！」

大潘著實被嚇著了，在死亡「威脅」面前，他選擇了——拚命減肥。

以前，菜湯泡白米飯，大潘一頓能吃三大碗，如今只能吃一小碗粗糧，還盡可能是素菜為主；以前，啤酒論箱喝，白酒論斤灌，現在是滴酒不沾。

每天拚死拚活地跑兩萬公尺，游泳兩千公尺，到了晚上，整個人骨頭都快散了，有兩次還累昏過去了。

開始的時候，大潘跑步的感覺就像在推一輛踩了剎車的卡車，因為肚子上的肉太多，伏地挺身和仰臥起坐根本完成不了。

他回憶道：「那個時候才真正地明白，財富、榮譽、人脈……統統都是假的，只有長在身上的肉才是真的。」

我問大潘：「那你是怎麼堅持下來的？」

他說：「就是想活，所以要跟肥肉對戰。什麼勵志書、勵志電影，永遠都不如醫生的診斷書勵志！」

律己之所以難，就是因為要對抗自己的天性。

吃得飽飽地躺在柔軟沙發上追劇多舒服，有人卻在健身房裡拚命地流汗。

抱著棉被不放棄一場美夢多好，有人卻在晨曦未明的時候準備好了營養早餐。

趴在辦公桌前偷偷摸摸地上網爬文多清閒，有人卻在勤勤懇懇地忙碌一整天。

這樣的人，哪有時間去患得患失，哪有閒心去八卦？又怎麼可能胖得起來？

你的皮囊會展示你的生活習慣，你的職位能體現你的努力程度，你的魅力對應的是你的見識和才華。

一個一百多公斤、渾身是病的人，往往過的是飲食不規律、作息不定時、暴飲暴食、運動為零的生活。

一個在工作上漏洞百出、得過且過的人，很可能在職業規劃、人生追求上是空白的。

一個生活中談吐庸俗、無聊空洞的人，很可能是在看書、旅行、思考上的投入嚴重不足。

所以，別再信什麼「胖一點點無所謂」這種話了。殘忍的事實是，就算你身上只是多長了三兩肉，影子也會跟著大一圈！

自律的生活不是說你準備了多麼詳細的計畫，有了多麼齊全的運動裝備，辦了多少張健身房的年卡，買了多少本新書，報了多少個進階學習班……

不是的，**自律是從認真對待每一個當下開始的**。比如，想早起時能立刻下床，想鍛鍊時能馬上出去跑步，想讀書時能讀一、兩個小時，不會消耗自己的時間去看旁人是否做了，不會從天氣或者心情上找藉口，最終將這些小細節養成一個個受益終身的習慣。

寫日記的好處，是堅持，是反思，是從小鮮肉到老司機的人生行車紀錄器；整理房間讓你過得乾淨，過得舒適，見證的是從雜亂無章的生活到井井有條的人生蛻變；跑步教會你的是自律，是克制，是不放棄，是對戰到底。

當這些看似不怎麼要緊的事情成了你的習慣，它們就不會讓你負累，而是會變成你成長過程中的萬能折扣卡，讓你在人生的每一個戰場上得盡好處。

自律是一場與別人無關，是自己發動並且針對自己的戰爭。

在外人看來，你是在自虐，實際上你是爭取更多的自由。**因為真正的自由，不是隨心所欲，而是自我主宰**——從控制熬夜、爭取早起，到控制欲望、減輕體重，最後到控制各種不甘心、嫉妒心、得失心……

但凡是有些成就的人，都具備掌控自我的能力。他們都有鐵一樣的意志，軍人般的紀律，或多或少的清教徒式生活方式。

所以，還在咬牙堅持的你，還對命運有要求的你，請不要洩氣。

你今天的日積月累，早晚會成為別人的望塵莫及。

把所有的「吃完這一頓再去減肥」都換成「等瘦了再吃」，你就離瘦下來不遠了。

只有那些把體重計都藏起來的人，才能算自暴自棄。

03

前段時間，一位二十七歲患上癌症的年輕人在個人網頁上，寫了一篇〈患癌後反思〉

的文章，在網路上迅速被轉發。

在這篇短文中，他寫道：「生病至今，我一直在思考一個問題，為什麼我會得這個病？種種跡象，鐵一般的事實告訴我，都是因為——我懶！」

「睡眠差導致我不會起來吃早餐，或者隨便打發。」

「吃飯基本靠叫外送應付。晚上好不容易有點時間，更不想輕易結束這短暫的快樂時光，沒有時間好好吃飯，沒有時間好好鍛鍊身體，沒有時間好好休息，也不想花這個時間。」

有多少年輕人是跟作者一樣的？有多少個人是自詡懶癌晚期？

空有一顆減肥的心，無奈卻是吃貨的命；熬夜、喝酒、暴飲暴食；能坐著不站著，能躺著不坐著，能坐電梯不走樓梯……

「懶」真的沒什麼值得炫耀的，一懶就是胖，再懶就可能是生命縮水！

村上春樹說：「肉體是每個人的神殿，不管裡面供奉的是什麼，都應該好好保持它的強韌、美麗和清潔。」

可你呢？自畢業後，你忙於工作、應酬和享樂，不注意作息，又不節制飲食，三、五年後，當年的花樣少男少女逐個變得腦滿肥腸、臃腫不堪、滿臉橫肉，糟糕透頂！

而那些少數能夠自律的人，他們精力充沛，思維活躍，充滿自信並且魅力十足。

他們就像是擁有某種超能力，能夠輕鬆地躲開歲月揮過來的殺豬刀，同時還能將見識和能力都變成肌肉，結結實實地長在自己身上。

年輕的時候吃吃「嚴以律己」的苦頭，你還能得到一種迎難而上、然後迎刃而解的快感；若是年邁時再去吃苦頭，那就僅剩風燭殘年、氣若游絲的淒涼。

THEME 20

若不是畫龍點睛的指點，就不要畫蛇添足地指指點點

01

茉莉是個很有主見的女生，選大學、選科系、找工作，她都自己搞定。只是大學畢業了四、五年後，工作上漸入佳境，唯獨感情遲遲不見開花。

一向敢怒敢言，同時又緊跟時尚的茉莉沒少遭遇流言，「天天打扮得花枝招展的，一看就不是什麼正經女生」、「聽說她那個包五千多人民幣呢，誰娶了她早晚要敗家」、「大冬天的衣服穿得那麼露，一看就有問題，怪不得現在還不結婚」……

而茉莉一概是白眼相對，不時還會反擊一句：「吃你們米了？花你們家錢了？連你們家 Wi-Fi 了？」

實際上，茉莉並非嫁不出去，而是不急著嫁。每逢節日，辦公室裡就屬她收到的鮮花最多，而她一概是看都不看就直接扔垃圾桶裡了。除了工作能力和相貌出色之外，茉莉還很有生活情調。比如，她做的祕製醬牛肉絲毫不亞於飯店大廚，她的素描作品並不會比專業畫家遜色，甚至唱歌、插花、茶道，她也很有自己的獨門品味。

可以毫不誇張地說，哪個男人能和她結婚，都會被眾人認為是「三生有幸」！

大約半年前，茉莉結婚了。但除了家人之外，幾乎沒有人看好這段婚姻。因為在旁人眼中，姿色、眼光都很高的茉莉是一定會嫁入豪門的，可如今卻嫁給了一個既買不起房子，也買不起車子的人。

於是，指指點點的聲音又出現了。「會不會是未婚先有，所以才著急結婚」、「大概是覺得自己年紀太大了吧」、「這是昏頭了才會做這樣的選擇」……

然而，但凡見過茉莉男朋友的人，都會相信茉莉做了無比正確的決定：他會開無厘頭的玩笑，能放下面子去討好茉莉，能在她忙得不可開交的時候做一頓燭光晚餐，也能在節假日為她安排一個舒服的假期。因為有他的存在，茉莉的煩惱能輕鬆被消化，快樂能被快速放大，每一天都能過得生動。

茉莉說：「我為這段感情打一百二十分，那二十分是對他帶給我的幸福、成長、視野的感謝。」

原來愛情，不是張嘴就來的海誓山盟，而是體貼入微的立即行動；不是一輩子都用不完的金山銀山，而是憨直地用心討好，傾其所有，只為博君一笑。

值得不值得愛，該不該選，每個人的標準是不同的。但大致可以總結如下：有錢人最高級的愛是花時間陪你，窮人最高級的愛是捨得為你花錢；年輕人最高級的愛是對你有耐心，中年人最高級的愛是依然膩煩著你；文藝青年最高級的愛是願意陪你過平凡普通的生活，普通人最高級的愛是平淡歲月裡突如其來的浪漫……愛情的貴賤其實沒什麼標準，他願為你去做那些你喜歡的事情，就彌足珍貴。

所以，你真的不要擔心「誰誰誰的年紀那麼大，為什麼還不結婚」，也不必操心「誰誰誰的條件那麼好，怎麼和這樣差勁的人在一起」……

我的建議是，不要用你的七嘴八舌去打攪別人的幸福快樂。也許在你看來是辛苦的、是錯誤的，但在別人那裡很可能是甘之如飴、是幸福綿長。

如果做不到排憂解難，就不要給人添悶氣；如果你的建議不是畫龍點睛的指點，就

不要畫蛇添足地指指點點。

02

這個世界處處都有苦口婆心的「好人」，但這一點都不影響他們惹人厭！

數月前，在美國加州的某個餐廳裡，足球明星貝克漢一家人剛剛吃完午餐，兒子布魯克林和小女兒在停車場裡玩耍。這本來是個溫馨有愛的小場景，結果一些網友看到小女兒四歲多了還在咬奶嘴，就開始在網路上開炮了。其中有些媒體還專門請來專家寫了抨擊文章，說什麼長期咬奶嘴會影響說話能力，影響牙齒健康。

被一群自以為是的路人說三道四，一向好脾氣的貝克漢氣炸了。他在社交平臺上寫道：「為什麼有些人什麼情況都不了解，就覺得自己有權批評別人帶小孩的方式呢？有小孩的父母都知道，孩子身體不舒服或者發燒的時候，父母會努力去安撫他們。大多數時候，用得最多的就是奶嘴了。在批評別人之前，請你們三思，因為你沒資格批評我怎麼當家長。」

很多人總是誤以為自己正大步地走在一條正確無比的康莊大道上，於是樂此不疲地想要去指點別人的人生，改變別人的生活，就好像那些與自己生存方式不同的人，都身處水深火熱之中，巴不得將他們「撈上來」，帶進自己所在的「天堂」裡。

於是，偏見就此產生了：別人沒車沒房，他就說因為別人窮；別人作息規律，生活簡單，他就說別人單調乏味，毫無情趣；他得知了對方的一點資訊，無論認不認識，總要以自己的背景出發以己度人。別人穿著簡樸就是太俗，外食就是活得不精緻，沒住在別墅裡就是蝸居，沒開大馬力的汽車就是窮酸……

他的審美觀是「穿衣看logo，脫衣看肌肉」，他關注的不再是舒不舒服、透不透氣、健不健康，而是看「made in 哪裡」和「腹肌有幾塊」。

可是，別人是在異域探險，他是窩在家裡看ＤＶＤ，怎麼好意思拿他的懶人沙發去笑話別人的藤蘿長椅？別人是在東北看雪，他是在客廳裡晒後背，怎麼就能拿比基尼去笑話別人的大棉被？

他的飲食觀念是「吃喝要精益求精，只有飯桶之輩才會胡吃海喝」，他關注的不再是氛圍、情景、滋味，而是「水準高不高」和「食材貴不貴」。

可是，他天天吃法國大餐，哪裡知道在人聲鼎沸的路邊攤裡，打赤膊喝啤酒的人有多快樂？他天天吃澳洲大龍蝦，又哪裡曉得和一大群親朋好友在談天說地的同時吃著麻辣小龍蝦多麼有趣味？

這人世間的善與惡、愛與恨，原因往往是盤根錯節、很難一眼望穿的。所以，離這樣的人遠一點，如果避之不及，那就對這樣的指指點點裝聾作啞吧。

不知道你怎麼想，反正我生平最大的心願是：那些我真心討厭的人，千萬不要做什麼對我有好處的事，這樣我就可以一直放心地討厭下去了。

03

不負責任地指指點點，其不負責任的體現是：他們「只管殺，不管埋」。

比如你正擠地鐵去上班，旁邊坐著的阿姨就會「心疼」地對你說：「哎喲喂，這麼漂亮的女生，你男朋友怎麼沒開車送你啊？」

比如情人節你累了一天回家，社區裡遛狗的大嬸就會「滿臉同情」地跟你說：「我女兒剛才捧了一大束鮮花，你怎麼空手回家呢？」

當你帶著無比沮喪、沉重的心，到家就開始跟男朋友吵架，到最後天翻地覆、瀕臨分手了，可這些阿姨大嬸呢，她們可不管你今天快不快樂，明天結不結得了婚，她們只管自己的碎碎唸有沒有唸叨完，只關心今天的韭菜新不新鮮，雞蛋有沒有打折。

你工作賣力，他們笑你死腦筋；你心地善良，他們笑你缺心眼；你堅持不懈，他們又笑你不自量力……

可實際上呢，**這些對你指指點點的人**，**並不對你的人生負責**。你的年終獎金能拿到多少，你的愛情甜不甜蜜，你過得快樂不快樂，他們其實毫不在意。**他們只是用一張不負責任的嘴巴說出一些自以為是的建議**，**以此來尋找存在感罷了**。

生活中總是有一些閒人，習慣了對別人的生活橫加指責、指指點點，他們有意無意地嘲笑著別人的努力，驚擾著別人的幸福。

他們的邏輯是：「我這是為你好，所以我是對的，你是錯的；我這是關心你，所以你得聽我的；我這是在乎你，所以你得改，你得回到我喜歡的狀態；我這是為你好，所以你就不能不領情，否則你就是自私，是無情無義。」

但歸根究柢來說，他們無非是在綁架他人的喜好，然後脅迫別人承認「你是對的，我是錯的」罷了。

真正過得好的人，都在忙著熱愛生活。只有那些過得不好的人，才喜歡用自己的無聊、庸俗、淺薄，去驚擾他人的幸福。我的建議是，賜他們一個鈦合金的白眼，然後好好地過自己的生活吧！

最好的狀態是：只和聊得來的人聊天，盡情享受擺在眼前的事，對自己當下的言行負責——不去別人的生活裡指手畫腳，也不輕易地被別人影響。

切記，別人的嘴賤最多只是無毒又無力的箭罷了，你不理它，它奈何不了你。怕就怕，你自己把已經掉到地上的箭又撿起來，往自己心口插，然後喊著：「哎喲喂，這箭有毒！」

THEME 21

你若盛開，清風愛來不來

01

田小姐約我喝茶，茶還沒煮開，她就焦慮地問我：「老楊，該怎麼討好他人呢？」

我反問她：「討好？你欠同事人情了？還是老闆指派給你的任務沒有完成？」

她用力地搖搖頭，疑惑地望著我。

我說：「那你為什麼要討好別人？」

她說：「因為我覺得不被大家重視，自己就像個透明人。」

原來，田小姐在這家公司兩年多了，還是不能和同事們打成一片。大餐沒少請，可邀請了三十多人，結果就去了三個；每逢過節，她也都會在同事群組裡贈送禮物兌換券，可很多人連點開都不點。而那個善於討喜的人，似乎總是處處綠燈，平時總被大家稱作「很討厭」的人，實際上卻是耶誕節收到禮物最多的，而她呢，連愚人節都沒人理一下！

我笑著說：「你又不是什麼兩面三刀、愛耍心機的人，討什麼好？如果你和他們的實力懸殊，那你的討好無非是兩種結局，一是自討沒趣，二是浪費生命。**如果你是真心對人好，你會很舒服；但如果是討喜，你會很累**，還不如多請我喝幾次茶！」

所謂討喜，其實是討來煩惱，佯裝歡喜；所謂討厭，其實是討人喜歡，且百看不厭！

年輕的時候，我們總想著改變自己去討好別人，從別人那裡尋找存在感。可慢慢長大才明白：只有做自己的時候，才是最可愛、最舒服，也才是最值得被愛的。

比如，你迫切想加入一個圈子，可能是為了謀得物質利益，也可能是為了不被邊緣化，但無論傳了多少次節日祝福訊息，不論主動買了多少次單，自己依然無法被真正地接納。

比如，你孤獨得想找個知心朋友作為傾訴對象，不是限於寒暄，而是為了真正的交流，但卻慢慢發現，不論你多麼努力地切換話題，不論切換了多少次，最終都被無數個「哦」、「好吧」打敗了。

當你卑微如塵時，你的謙虛會被人說成低賤，奉承會被人說成討好；可當你高高在上時，謙虛就是有氣度，奉承就是有教養。

畢竟，職場上的來往，本就沒有什麼慈悲可言，要麼是心照不宣地妥協，要麼擁有真金不怕火煉的本事。

某某同事今天看你的表情不對，你就在心裡嘀咕：「不就是因為中午上廁所碰面時沒跟你打招呼嗎？」

某某主管將你加了三天班才趕出來的企劃案否決了，你就在心裡升起無名火：「不就是開會的時候沒拍你馬屁嘛！」

可實際上呢，同事今天看你的表情不對，是因為你工作的環節做得一塌糊塗，給他添了很多麻煩；主管否決了你的企劃案，是因為你在細節上漏洞百出，會惹惱客戶。

換言之，**如果你在人品上沒有缺陷，但依然無法被某個群體接納，你首先應該檢查的不是性格，而是實力；不是職業選擇，而是努力方向；不是言談舉止，而是見識與風趣程度。**

切記，沒有人是僅憑討喜就功成名就的，也沒有人是因為不會討喜而一敗塗地的。

成功的判斷標準是你努力了多少，以及你擁有的實力有多少。

我的建議是，好好沉澱，暗自努力，把心裡的垃圾情緒定期倒一倒。往往是你努力做你自己時，你那特立獨行的氣質才真正討人喜歡。

需要特別強調一下，主動選擇孤獨的人，其實並不孤獨，真正孤獨的是那些拚命想要擠進人群裡的人。

02

如果有「選酷」比賽，我絕對敢散盡家財去舉薦李果。

李果的酷，酷在「不糾結」上。她的辭典裡沒有「如果」、「假如」、「要不」、「就算」之類的詞語。買手機、買連身裙、買唇膏，甚至連買房子、車子都是迅速決定，酣暢淋漓得像不是花自己的錢似的。

甚至就連遇見愛情，李果也是酷到天邊。李果戀上A的時候，A剛失戀。李果還沒等A恢復元氣，就上前表白了，我們幾個朋友拉都拉不住。某個週末，李果在群組裡告訴我們，她要去向A求婚！我們聽完都恨不得跪求她矜持一點。結果她捧著吉他，在A的樓下彈了一下午的〈洋蔥〉。

到了晚上六點整，還不見有人下樓，她甩了一句：「夠了。」然後收起吉他，就叫我去吃火鍋了。

我問她：「說到底，你還是不喜歡他吧？」

李果一邊往嘴裡塞肉，一邊嘟囔著嘴說：「怎麼不喜歡了，我連戶口名簿都帶著了，他下樓的話，我都敢跟他去登記結婚！」

她說得很大聲，但我看她眼角有淚光。還沒等我戳穿她，她就補了一句：「這家火鍋店怎麼味道變了，這麼辣，眼淚都辣出來了。」順手就擦掉了。

吃完火鍋，我問：「然後呢？還去求婚嗎？」

她白了我一眼，說道：「回家敷個面膜，睡個好覺。不能在一起就不在一起吧，反正一輩子也沒多長。」

求婚事件之後，李果還是一如既往的「酷」。不僅和好友創了業，還舉辦了五十多人的讀書會，週末就去一家書店裡交流讀後心得。她最怕的事情依然是陪女性好友逛街，後來也遇到了幾個求愛的，但都被她一一封鎖了。

我問她：「不至於封鎖別人吧？」

她說：「**要就不要傷害別人，否則就做得冷酷一點**。**不能用『還能做朋友』去侮辱那些被自己拒絕的人**。好人和壞人都想當，哪有這等好事？我很厚道的！」

李果的大部分時間都用在了創業和旅遊上，在這個過程中，她終究還是遇見了對的人，兩個人連家長都沒見，就去登記結婚，現在正在計畫環遊世界。

我傳訊息問她：「會不會太衝動了一點？」

她說：「我相信我自己的本事，能夠承擔得了結婚的後果；我也相信我的判斷，一個能用十秒鐘決定去哪裡玩，並且玩上十天不會膩的男人，是值得擁有的。」

一個人最酷的活法是，該努力時竭盡全力，該玩時盡情享受，看見優秀的人欣賞，看到落魄的人也不輕視，有自己的小圈子和小情調；沒人愛時專注自己，有人愛時有勇氣抱緊對方。

糾結不是病，犯了要人命。因為糾結，很多人的生活一直都是「正在載入內容」的狀態。

假期要出門，去哪裡玩還沒想好，就在為穿什麼犯愁。這件太花俏，那件太俗氣，怎麼穿都覺得會被人笑話。

下班時餓腸轆轆，又在糾結吃什麼。川菜太辣，蛋糕太甜，日本料理又有點貴，最後給朋友的答案是「隨便點一點」。

週末在家收拾冰箱，味道重的放進去會變味，不放進去就容易壞；變味了丟掉太可惜，吃掉又難以下嚥……

奇怪的是，你哪來那麼多需要你左挑右選、思來想去的事？就算真有這樣的事，糾結能解決得了嗎？糾結不僅浪費表情、耗損腦細胞，而且還會嚴重影響你的容貌，不信你就去照照鏡子，看你糾結的時候是不是醜死了！

別人早就不糾結的事，你還在糾結；別人早就放下的情緒，你還扛著。你在思考要不要起床的時候，別人已經拎著包包出門了；你在糾結這種鬼天氣還要不要出門的時候，別人已經做完了第二套備選方案；你在煩惱要選哪條出遊路線時，別人已經在目的地拍了兩百張風景照……

那你憑什麼過得比別人好呢？

03

在我的印象中，上一代人行事古板，不擅言辭，還很粗魯，遇到了什麼煩心事，他們就歇斯底里地發脾氣，不計後果地摔東西，旁若無人地有脾氣當場就發……

對比如今的年輕人，他們遇到煩心事，內心先崩潰，但看上去卻是悄無聲息的。他們能忍，心裡問候了別人祖宗十八代，臉上依然掛著「很高興認識你」的微笑；他們能裝，就算是快要煩死了，也能裝出一副「我好忙」的姿態滑手機。

其實呢，誰要是真碰他一下，他可能馬上就想死。

對這樣的人來說，長大的過程就像是在慢性自殺，每天殺掉一些天真，殺掉一些認真，殺掉一些熱情，殺掉一些夢想，殺掉一種變好的可能！

比如你，一旦有人將你和別人同時作為選項存在時，你都會主動退出。所以你的口頭禪往往是：「沒關係，你送她回家吧，我自己回家就可以」、「沒事，我自己能拿」、「不要緊，你跟別人去玩吧」……

實際上呢，**這並不是出於真心的「怕你為難」，而是單純的「怕親眼見到自己作為**

被放棄的那個選項」，所以乾脆一開始就將自己排除在選項之外。

說到底，是骨子裡自卑，是內心太虛弱。

聽不懂就問「這到底是什麼」，買不起就說「有些貴」，配不上就說「那算了」。但有太多的人，聽不懂也點點頭，買不起說「我不稀罕」，配不上說「不過隨便玩玩」。

哲學家周國平先生有過一段真實獨白：「我天性不善交際。在多數場合，我不是覺得對方乏味，就是害怕對方覺得我乏味。可是我既不願忍受對方的乏味，也不願費力使自己顯得有趣，那都太累了。我獨處時最輕鬆，因為我不覺得自己乏味，即使乏味，也自己承受，不累及他人，無須感到不安。」

你看，真正厲害的人不僅是思想成熟，同時也有獨處的底氣和實力，他們所經歷的一切讓他們的外在變得豐滿又立體，內在變得生動又充實。

所以，還是得努力呀。都說「酒壯人膽」，以前你也只能藉著酒精去表白，去撕破臉，如今你卻能藉著酒意去清空購物車，去坐雲霄飛車，多過癮。

不能在一起就不在一起吧，
反正一輩子也沒多長。

主動選擇孤獨的人，其實並不孤獨，
真正孤獨的是那些拚命想要擠進人群裡的人。

一個人最酷的活法是，該努力時竭盡全力，
該玩時盡情享受，看見優秀的人欣賞，
看到落魄的人也不輕視，有自己的小圈子和小情調；
沒人愛時專注自己，有人愛時有勇氣抱緊對方。

THEME 22

既要有默默付出，也要做足「表面工夫」

01

大熊一口氣灌下了大半瓶啤酒，然後趴在桌子上嚎啕大哭。

是的，他被分手了，對象是準新娘。這段長達六年零兩百六十四天的愛情被畫上了句號，而他們上個星期還在朋友群組裡討論要去哪裡拍婚紗照。

我問他：「怎麼突然就分了？」

他將剩下的半瓶啤酒全都倒進肚子裡，用力地嘆了一口氣，說道：「她說我不愛她，說我對她的感情都是裝出來的，可我連命都捨得給她。這些年來，為了這份感情，我吃了多少苦，受了多少委屈，她都看不見，她只記得我沒在情人節送花給她，沒在生日的時候請她吃大餐，沒在去她家的時候多買點禮物，求婚沒有求婚儀式……」

對比我認識的那個內心驕傲的大熊，我眼前的這個酒鬼實在是太落魄。他低垂著頭，滿嘴酒氣地喊著：「她就是矯情，就是矯情，不就是一個個普通日子嗎？我們不都是普通人嗎？非要弄那些假模假樣的形式幹什麼？我愛她，她愛我，這不就夠了嗎？」

我接過他的酒瓶，也接過他的話：「當然不夠！你嘴裡喊著『愛她』，可實際上呢，你什麼都沒做。**你一點儀式感都沒有，別人就看不到你對她和她家人的尊重，看不到你對這份感情的誠意**。」

對很多男生來說，儀式感可能是矯情、是鋪張浪費、是無理取鬧、是多此一舉……但對女生來說，情人節的禮物、生日的驚喜、紀念日的小浪漫、求婚儀式上的單膝著地，這些都值得她提前一個月去準備、去期待的。這就是儀式感的重要性——它讓女生在剩下的三百多天裡、甚至是整個餘生都有記憶可以回味，並且是「想到就開心」。

強調儀式感不是女生的虛榮心作祟，不是誰沒事找事地找存在感，而是愛情本身就需要它，需要它來保鮮，需要它來妝點記憶。

因為有儀式感，她才會記得某天的心動、某日的吻、某次閒遊聞過的花、某天依偎時穿堂而過的風，以及躺在星空下，某人滿臉溫柔地說出海誓山盟的情話。

所以我給男生的建議是，不要再為自己的那點默默付出而自我感動了，不要將自己的自尊用在對待女朋友上，更不要將談情說愛這麼浪漫的事情停留在心理彩排上，請你務必做足表面工夫！

女生需要的，不是「每天都過情人節」，她們只想要在這庸常、無聊而且雷同的生活裡，有那麼幾天能夠看到你獨獨為她做些什麼。這會讓她確認，你是真的在乎她；也會讓她心裡踏實，即使日子過得不那麼稱心如意。

生日的時候，就算給不了她豪門盛宴，供不起頂級牛排和好酒，但親自下廚做一頓大餐，你總該去試試吧？雖然給不了什麼奇珍異寶，但一個生日蛋糕、一個用心的小禮物，總能負擔得起吧？

情人節的時候，就算送不起九百九十九朵玫瑰，那一朵總該有吧？求婚的時候，璀璨奪目的大鑽戒買不起，單膝下跪總不要錢吧？結婚的時候，大排場給不了，小婚禮還是能夠滿足的吧？

試想一下，如果沒有這些看似矯情的事和物，沒有這些看似「鋪張浪費」的儀式感，那麼你的人生又有什麼意思呢？等到你們白頭偕老了，又拿什麼來細說當年呢？

很多家長都會告訴自己的女兒：「你要好好保護自己」，卻很少有大人告訴自己的兒子：「你不能傷害到別人的女兒」。

什麼叫傷害？不見得是你出軌了，你在言語上攻擊她了，你對她的身體造成了傷害，不只是這些，更常見的傷害是：你忽略了她的存在和感受，你對她的不再用心。

面子裡子你都沒給，就別說「我愛你」這種鬼話了。與其說你是愛她到死心塌地，不如說你是無聊透頂、極度自私。你在意的根本就不是愛情，也不是她，而是自己的付出感而已。

這種付出感就像你靈魂的一座廟，即使荒蕪，你仍然視其為祭壇；它就像你守著的一座雕像，即使破敗，仍然是你用心膜拜著的神。可你卻忽略了，它是因為你才荒蕪、才破敗的。

在感情的世界裡，信仰無法代替你本人的實際行動。就算你是真的很虔誠，但廟宇該打掃還是要親力親為；就算你是真的很在乎，但雕像該修葺還是要勞心勞力。

要是真愛，再怎麼折磨都會覺得意義非凡，不會覺得累，更不會覺得丟人，倒是不愛了，才會覺得麻煩棘手，覺得顏面掃地。

02

我認識的酷先生，從來都是紮著滿頭的小辮子，穿一身破洞牛仔服裝。他是個音樂人，更準確地說，他是玩搖滾的。

酷先生家裡的樂器很多，那些壞了並且實在是修不好的，他都會專門為它錄一則影片，然後放在網路上。影片裡的他會對著樂器緬懷曾經共同演繹過的「音樂生涯」，以此來跟它告別。他說：「不好好告個別，會捨不得它。」

一個週末，我在社區門口碰見他了。讓我震驚的是，他破天荒地穿著一身筆挺的西裝，打著一條藍色條紋領帶，上衣口袋裡還裝著手帕，頭髮也梳得油光錚亮。看我滿臉是吃驚的表情，酷先生開口就問：「老楊，我今天酷不酷？」

我點頭，問他：「不玩搖滾，開始玩薩克斯風了？」

他笑著說：「不是，我今天要當爸爸了，穿得認真一點，去迎接她！我希望她將來看到我和她的第一張合照時，會認定自己從一出生就是被歡迎、被在乎、被愛著的。」

「哇！」我心裡好一陣感動，並且是發自內心地覺得：有儀式感的人，真的很酷！

儀式感就是把那些普通的事和物，變得意義非凡；就是用跋山涉水的時間，去期待稍縱即逝的瞬間；就是用鄭重其事的態度，去表達內心的莊重。

俗話說，再甜的瓜，當你啃到皮的時候，都是不甜的。

換言之，再好的出身、再好的容貌、再大的朋友圈子，你的生活也註定會有庸俗和無聊的時候，但有儀式感的人，能把它用不那麼無聊的方式展現出來。

這樣的生活不會難看，這樣的人生不會難過。

那麼你呢？整天覺得無精打采，總說日子越過越沒勁，對周圍的人、事、風景、美食都提不起興趣。

你抱怨工作太無聊，朝九晚五，盡是重複；你抱怨吃飯太無聊，一天三頓味同嚼蠟；你覺得放假無聊，不是宅在家裡發霉，就是出去看人山和人海……你甚至沒耐心完整地看一部電影、聽一首歌。

你本想把日子過成詩——時而簡單，時而精緻，不料卻過成了歌——時而不可靠，時而不著調。

以前約個會，你還會花時間去精心準備一番，現在呢，社交媒體上隨便一聊，就敢結拜；交友軟體上勾搭幾句，就有膽量去登記結婚。

見了一次面，就敢說「我喜歡你」，聊了三句話，就敢喊「我愛你」。這樣的表白和路邊攤促銷皮鞋的叫賣聲有什麼不同？

不信你聽聽：「走過路過，不要錯過，工廠直銷，超低價格，買到就是賺到……」

要我說，這根本就不是「喜歡」，更談不上「愛」，這只不過是某種「空手套白狼」的把戲而已——企圖用最少的付出得到最珍貴的感情。

人與人之間，一旦交流變得太有效率，溝通變得太過容易，不再需要翹首以盼，或者倆倆相望，思念、關懷和安慰，統統都會迅速貶值。

你的告白和關心變得不稀奇了，你的愛與不愛自然就沒什麼要緊的了。這也解釋了為什麼有那麼多人懷念從前的那種來往方式，喜歡唸「從前慢，車馬慢，書信也慢，一生只夠愛一人」，也喜歡傳統書信裡的頭一句——「見字如面」。

是啊，什麼都圖方便、圖省事，誰還願意花精力和時間去愛恨情仇，去過年過節呢？

省來省去，很多人的半生就像是活在一天裡。這樣的活法，怎麼可能過得好一生呢？

03

很多人的人生軌跡是：匆匆忙忙地走出大學校門，然後焦頭爛額地在求職大軍中混戰，好不容易擠進了某間勾心鬥角的辦公室，就不得不面對朝九晚五的工作，換來一身疲憊。

然後，你在冗長和無聊的日子裡，一步步地變成自己曾經非常討厭的模樣；又在慵懶卻安全的環境中，一點點地消磨掉青春，任由肥肉橫溢。

到底是哪裡出了問題？是什麼毀掉了你對生活的熱情？是誰降低了你感受快樂的能力？答案是：你越來越不重視儀式感了。

沒有儀式感的人生，是很難活得高級的。關於儀式感，《小王子》裡有過一段經典的對白。

對於小王子的拜訪，小狐狸提議道：「你每天最好在相同的時間來。比如，你下午四點鐘來，那麼從三點鐘起，我就開始感到幸福。時間越臨近，我就越感到幸福。到了四點鐘的時候，我就會坐立不安，我就會發現幸福的代價。但是，如果你隨便什麼時候來，我就不知道在什麼時候該準備好我的心情……所以應當有一定的儀式。」

小王子不解地問：「儀式是什麼呢？」

小狐狸說：「儀式就是經常被人們遺忘的事情。它能讓某一天與其他的日子不同，讓某一時刻與其他時刻不同。」

生活過得索然無味，那是因為過它的人正灰頭土臉；生活過得風生水起，那是因為過它的人時時處處事事都充滿了儀式感。

所以我的建議是，越是平凡普通的一天，就越要認真打扮、細心紀念，你精心地過日子，才有可能被生活奉為上賓。生活中的尖刺和成長中的不安，也才會慢慢消融。

越是長大，就越要大肆慶祝過生日，二十六歲的生日要比十三歲的時候了不起一倍以上。你看蛋糕上的那些蠟燭，它們就是你努力生活的證據。

生活越是平淡無奇，就越要嘻皮笑臉地對待它。在這個快被無聊「攻陷」的世界裡，正因為你做了一些熱情的、無意義的「蠢事」，才顯得很好玩！

是的，歲月可以沖涼你的熱血、消耗你的熱情、擊碎你的夢想，但儀式感卻能幫你與殘暴的歲月打個平手。它會發光，照亮你庸俗的生活和平淡的回憶！

因為有儀式感，生活才不會失重、不會失真、不會褪色、不會潰爛。

THEME 23

你不甘墮落，又不思進取

01

幾乎失聯了的浩子突然傳訊息給我：「老楊，你有兼職可以推薦的嗎？」

我很詫異，浩子可是個清高的人，當年大學剛畢業就被一家國營事業找去了，據說是當作「儲備幹部」培養，現在怎麼突然「屈就」找起兼職來了？

浩子的解釋是：「現在的工作特別閒，上一天班，休息三天，所以想找個兼職，幫孩子賺點奶粉錢。」

基於當年有過幾面之緣，我就多問了幾句他的近況。這才知道，自大學畢業後，他就在國營事業裡「扎了根」，可惜一直是「埋在土裡」——並沒有什麼起色，他說是因為「沒有什麼好機會」。

我問他：「和你同時去的某某某不是高升了嗎？」他的解釋是：「他是因為家裡有關係，而且善於拍主管的馬屁，我不屑於那麼做。」

我又問他：「你工作六、七年了，為什麼薪資和職位一點變化都沒有？」他的解釋是：「我對金錢和權力沒什麼要求。」

為了強調自己確實不在乎金錢和權力，他還講了他在辦公室裡「獨善其身」的事。大致是，別人喜歡拉幫結派，勾心鬥角，他從來不參與，不管是聚餐還是婚宴，他都一概拒絕。

他還說：「出賣人格的事情，我一件都沒做過。可惜的是，升職加薪並不以此為指標。」末了，他得意地補充了一句：「我是一身正氣，兩袖清風。」

聽到這，我啞然失笑。

錢不重要？能用錢解決的問題，難道你沒發覺，你是一件都解決不了嗎？

權力不是你在乎的？那你這麼多年耗在那裡是圖什麼？難道是想找個道德環境很差的地方來鍛鍊自己的品德嗎？

你哪是什麼正氣，不過是懶罷了。**正氣的基礎是「不虛偽」，遇見機會了就竭盡全力去爭取，自認為能力不足就正視自己，然後努力去提升自己！**

可你呢，分明是連競爭一下的嘗試都沒有，就抨擊別人的功利和淺薄；分明是沒能體會到職場交際的樂趣，就大肆攻擊社交的虛偽和做作。

記住了，葡萄吃到嘴裡，才有資格說它是酸的！

你伸手怕犯錯，縮手怕錯過。你怕過於主動會看起來廉價，又怕過於被動會時常後悔。然後你就躊躇著，一邊抱怨著環境，一邊縱容著自己；一邊擔心著未來，一邊又浪費著時間。

這和一段自白不謀而合：「我曾以為日子是過不完的，未來是完全不一樣的。現在，我就待在我的未來。可是我並沒有發現有什麼變化。我的夢想還像小時候一樣遙遠，唯一不同的是，我已經不打算實現它了。」

一個人最醜陋的活法，不是沒出息，而是自己選擇了一個很低的位置，然後自命清高，不思進取。若有人來跟他搭肩，他覺得別人是在巴結自己；若有人超過了他，他就覺得別人是攀了捷徑。他從不肯承認，那是因為別人敢競爭，更努力！

當你自己沒有做到時，就不要懷疑那些完成的人是弄虛作假。如果你一直活得很不入流，那麼你就會一直在最底層以這樣的姿態掙扎著。

要我說，**你不過是發現自己在勤奮、自律、才華等方面比不過別人，所以才會表現出超出你年齡的豁達來，以期在道德和人生境界上打敗別人！**

只是，你用跳高的姿勢去跳遠，人生怎麼可能出現好成績？

02

周同學總喜歡找我要「安慰」，而我每次都往死裡戳他！

有天早上，周同學對我說：「早上等車，等得我好傷心，心都碎成餃子餡了！」

我回他：「喲，好肥的餡！」

他又說：「公車上人太擠了，我都被擠成餃子皮了。」

我回他：「那還得再擠擠，你這皮太厚了！」

他接著說：「你說這些老先生老太太，不上班為什麼不晚點出門，跟我們這些年輕人搶什麼交通資源？不知道遲到了要扣全勤獎金嗎？」

我繼續戳他：「我就非常支持老先生老太太早上跟年輕人擠公車。留那麼大的舒適空間，讓你在車上用手機看電視劇就對了嗎？不跟你擠，你就不知道該去努力賺錢、去買車！」

要過上舒服的生活，前提是你能賺到足夠讓自己安心的錢。功利世界的外殼是堅硬的，你只有很努力才能讓它變得柔軟。

在此之前，安逸更像是陷阱。籠中鳥得到了安逸，失去的就是自由；溫水中的青蛙得到了安逸，失去的就是生機。

安逸的時間久了，稍微努力一下就以為是在拚命；稍微吃點苦頭，就以為是要了自己的命。再發展下去，你就會變得學不進去，玩不痛快，睡不踏實，吃得特別多，渾身還沒勁！

所以，你應該將安逸當作你此時最大的仇敵，因為它正在一點點地偷走你的時間、品格、能力和機會。

遇到問題了，你不去想怎麼解決，首先想到的是，怎麼逃避、怎麼推卸責任。比如，裝作沒看見，假裝不知道，要不就是信口雌黃地說「這個不歸我管」、「不是我的錯」、「因為……所以……」等，這些理由讓你心安理得地保持在一個較低的水準，自然也就失去了成長的機會和變優秀的可能。

解決問題時，你習慣了否定性思維。「那不可能」、「我也沒辦法」、「怎麼會」、「反正我不喜歡」，這些詞會誘使你的大腦停止思考，讓你不停地為自己找理由，而不是為問題找答案。

遇見有人提供建議給你，你是一句都聽不進去，總覺得自己是對的。這樣的後果是，誰也不願意再提供建議給你了，而你再也聽不到真話了。

你對待工作的態度是，不給錢，你就不做事，錢給得不夠就少做事。久而久之，你的怨氣越來越多，錢越賺越少，賺錢的能力也越來越弱！

這樣下去的結果必然是：別人被人讚美和銘記——「任何為人稱道的美麗，都不如第一次見的你」；而你是被奚落和嘲笑——「任何為人稱道的美麗，都有修過圖的痕跡」！別人得到的是甜言蜜語：「就算大雨讓這座城市顛倒，我會給你懷抱」；而你只能是：「就算大雨讓這座城市顛倒，公司照樣算你遲到」！

你本想著，要賭上所有的好運氣，把自己變成一枚響噹噹的鹹鴨蛋——閒（鹹）得要死，富得流油；結果卻是，賠光了所有無憂無慮的好時光，耗盡了敢愛敢恨的勇氣，之後活成了一頭呆萌的小黃牛——既不能心安理得地虛度時光，還窮得只能吃草。

有沒有這種可能？上帝為你關上一扇門之後，大概是去睡覺了！

03

念高二的小蟲子私訊我吐苦水，說她的同班同學排擠她，理由是她不蹺課、不抽菸、不玩遊戲……她覺得很痛苦，很迷茫，想轉學。

我問她：「妳的成績怎麼樣？」

她說：「班級的中下游徘徊，我想學好，可大家都不學。」

我又問：「妳的身材怎麼樣？」

她說：「小學的時候生過病，現在很胖，經常被人笑話。」

我問了第三個問題：「轉學是為了什麼？為了換一個新環境，然後你突然就能變得討人喜歡，還是換一堆麻煩事，然後你繼續不討人喜歡？」

她默不作聲了。

親愛的女孩，**逃避問題並不能消耗卡路里。你只想改變環境，而不是想改變自己。你空有一顆不甘墮落的心，可你用的卻是不勞而獲的歪心思。**

如果你面對成績、交際和減肥問題時的對策和你碰到數學難題、不認識的英語單字、難背的古文詩詞的對策都是「放棄」，那麼你轉到哪個學校，都不會討人喜歡！

人類普遍存在的問題是，都是天才的企劃者，卻是低階的執行者！以至於經常是想得太多，做得太少。

不喜歡現在的學校環境，但你有努力學習嗎？不喜歡這幫朋友，你有讓自己變得更像是個值得交的朋友嗎？

你只是浮躁地迷茫著，拚命地武裝自己的內心，卻儼然一副受過氣的海盜模樣。其實，你搞錯了重點，你需要的不是新的環境，而是全新的自己。

與其跟這些人鬥智鬥勇、閃轉騰挪，不如兀自努力，將時間和精力用在讓自己變優秀上。當你有了隨時能跳出自己厭惡圈子的能力時，這些煩人的人和事就沒有機會出現在你的世界了。

人是一種奇怪的物種，不是非要經歷了大是大非、大風大浪才會覺得絕望，常見的現象是，很多人會無端地自然冒出來一種莫名的絕望感。

比如你會在好姊妹的婚禮現場突然失落，「為什麼別人都過得那麼好，只有自己糟糕得不像話？」

比如在同事的頒獎典禮上，你會覺得備受打擊，「沒有什麼優越感，光是為了活著，就已經用盡全力。」

比如聽到了幾句無足輕重的批評之後，你會負能量爆表，「自己什麼都不會，除了睏、餓、累、煩！」

詩意的說法是，「我年華虛度，空有一身疲倦」；大白話是，「忙起來覺得什麼都不缺，閒下來卻發現什麼都沒有」。

要我說，你還是太年輕了，不知道所有命運饋贈的禮物和痛苦，其實早就在暗地裡標好了價格。

你慢慢就會明白，生活不會因為某個地點的變化而突然變得順風順水，也不會因為某個人的出現而帶給你一個嶄新的未來。未來的幸運，都是此時自我改變的結果，是過往努力的累積。

所以，在迷茫的時候，你還是讓自己忙起來吧。忙碌的感覺特別好。你會覺得沒辜負早上化的妝，中午吃的牛肉飯，昨天晚上熬的夜……

04

我總是強調，人應該對生活有要求。可惜有太多人是「嚴格要求別人，充分慣著自己」。比如新買的小白鞋，拿到手時如果哪個地方有一丁點汙點，那必定要氣急敗壞地找賣家理論，費時費力地換貨、退貨，至少至少，也得給個負評或數落他們幾句。

出門的時候更是眼觀八路，耳聽四方，小心謹慎得就像是「全世界的腳都在預謀要踩你」……可沒過半天，你就穿著它在滿是泥濘的小道上，和戀人天真爛漫地踏青去了。

新買的手機，第一次摔破時，心疼得快暈過去了，至少至少，也會想著貼個防刮的手機膜和裝上防摔手機殼。可沒過半個月，手機就從書桌上掉下來，從床頭掉下來，跑步的時候掉到跑道上……管他的！摔就摔吧！

新買的車，頭兩個月，細心得像是照看一個嬰兒，刮了碰了難受得想打自己兩巴掌，下雨、下雪的時候總記得為它蓋上車套，太陽太烈的時候，恨不得親自去替它撐把傘，至少至少，一個禮拜也會去洗一次車。可沒過半年，「髒點就髒點吧，說不定明天就下雨了」、「刮了就去修啊，磕磕碰碰才是人生」……

你看，講規矩的是你，破壞規矩的也是你；斤斤計較的是你，滿不在乎的也是你；小心謹慎的是你，漫不經心的也是你。

總之，別人絕不能犯錯，自己隨時都能免責。

這麼赤裸裸的雙重標準，會不會太過分了點？

要我說，你所有的低氣壓，都是因為你對自己太好了，好得就像要追求自己似的。

你伸手怕犯錯，縮手怕錯過。
你怕過於主動會看起來廉價，
又怕過於被動會時常後悔。

未來的幸運，都是此時自我改變的結果，
是過往努力的累積。

一個人最醜陋的活法，
不是沒出息，而是自己選擇了一個很低的位置，
然後自命清高，不思進取。
安逸的時間久了，稍微努力一下就以為是在拚命；
稍微吃點苦頭，就以為是要了自己的命。

THEME 24

少點招式，多些真誠

01

騰公子出身於書香門第，父親是一位退休的大學教授，平日裡的消遣很少，無非是宅在家裡看書寫字，逗貓遛狗。

就在上個月，騰公子和朋友準備「熱血一把」——買了兩張重金屬搖滾音樂節的VIP門票。可就在音樂節開始的前兩天，這個朋友出差去不了。騰公子本想轉賣出去，可他的圈子裡很少有人喜歡這個類型的音樂，更別說買四千多元人民幣的VIP票了。

於是，騰公子隨口問了父親：「你要不要去？」還特別強調了一下，「重金屬音樂，就是很吵的那種。」結果，老學究父親竟然滿臉驚喜地連連點頭。

音樂節開幕那天，騰公子在家門口等了父親很久。等到父親出現時，騰公子被父親嚇壞了：炫酷的大墨鏡，皮外套配緊身牛仔褲，外加一雙復古皮鞋……

在去的路上，騰公子一邊教父親一些降低噪音的小技巧，一邊教他怎麼擺rock手勢，父親認真地學著，儼然二十幾歲的熱血青年的模樣。剛進會場，父親就開啟了「自拍狂人」模式，一度吸引了一些打扮時髦的女孩前來合照。而整個活動中，父親是全程跟著音浪一起搖擺……

說到這，騰公子嘆了一口氣說：「我本是隨口一說，只是很隨意地問一句，結果竟看到了一個我完全不認識的父親——原來，在他老氣橫秋的外表下，竟也藏著熱氣騰騰的靈魂……」

是啊，你在逐漸長大，而父母卻在逐漸老去，你曾為了自由而期盼脫離他們的「掌控」，你曾肆無忌憚地在網路上調侃父輩們的城府，你曾對他們不近人情的教育方式感到絕望，對他們變著法子的催婚、催生感到厭煩，但你卻忘了，自己也在習慣性地隨便問問「要不要」，隨口說說「等我有時間了」……

而你沒料到的是，自己的隨口一提，在他們看來，更像是「盛情邀約」！

無數人都在重複著這樣的「悲劇」：你花了一輩子的時間，等著父母為他們的過去向你道歉；而父母則花了一輩子的時間，等你說一句「謝謝」。結果是，你和父母，都沒有得償所願。

五歲半，你指著大飛機玩具對媽媽說：「長大了，我帶你坐大飛機，想去哪裡就去哪裡。」

八、九歲的時候，你指著不及格考卷對愁容滿面的爸爸承諾：「下次我一定會考到滿分！」

十幾歲，你站在校門口，對即將告別的父母說：「放心，我在這裡一定好好讀書！」

二十幾歲，你選擇了異地他鄉，說是「為了夢想」，你對電話另一頭的父母說：「你們要照顧好自己，我有時間了就回去看你們。」

上個月，你拿到了第一筆高額獎金，興奮地對螢幕裡的爸媽說：「你們平時多鍛鍊身體，年底我帶你們去夏威夷晒晒太陽！」

上個星期，你心儀的人向你告白，你甜蜜地拍了影片對爸媽說：「最近還學會了做酸菜魚，等你們來看我的時候，我天天做給你們吃。」

這些你信手拈來、脫口而出的諾言，都還記得嗎？

可現實是：你自己的生活正在觸底，什麼時候反彈還不知道，自己去哪裡也都是搭火車，哪有時間和財富來兌現「帶你坐飛機，想去哪裡去哪裡」的承諾。

你後來也沒有在哪次考試得過滿分，光是為了及格就已經竭盡全力；大學更是渾渾噩噩，根本就談不上「好好讀書」，更別說讓父母放心了。

你斷斷續續地談了幾次戀愛，但都是無疾而終；你躊躇滿志地換過幾份工作，也都是一事無成。

你享有很多法定的假期和公司福利，可「回家看看」從來都是想想而已。老媽的廣場舞跳得越來越好，老爸的太極拳也打得有模有樣了。是的，他們已經準備好了你要求的「身體條件」，可你連去哪裡玩都還沒想好。

至於那道「天天做給你們吃」的酸菜魚，其實就做了那麼一次，而且是替戀愛對象過生日精心準備的。後來父母不遠千里來看你時，你下樓去打包了一份，根本就想不起來要親力親為……

子女是有多殘忍呢？你啊，從未是他們的驕傲，可他們依舊視你如寶。任他人愛你如視寶藏，也沒有任何一份感情，能與父母的愛等量齊觀；任世間有繁華勝地，也沒有任何一個地方，能和家相提並論。

02

「真想當一回潑婦！」

看到訊息裡的這一行字時，我很難將它與向來溫順的黃小婉連結起來。

原來是這樣的，和小婉同一屆的某男生在半個月前追求過小婉，但被小婉拒絕了。本來事情就結束了，可小婉昨天發現，這男生正在追自己的室友。看著室友秀出的禮物、表白情話，小婉就炸了。

我問小婉：「這是生哪門子氣？該不會是吃醋了吧？」

小婉說：「吃什麼醋啊，我是覺得吃到蒼蠅了——噁心！他送給我室友的那些禮物、表白的話和當初追我的時候是一模一樣的！室友天天抱著睡覺的那隻大熊，就是當初我退回去的。」

我說：「那又怎樣？」

小婉答道：「就是因為不能怎樣才火大。首先，我知道他玩的全是花招，他追我時就是同時追兩、三個女生。但我又不能現在就向室友拆穿他，因為她看上去很開心，拆穿了就好像我是在嫉妒她，可不拆穿吧，我又擔心室友被他當猴耍了……真想罵人！」

我說：「其實怎麼做你都知道，要麼去一五一十地告訴你室友，要麼就由著她去甜蜜，但無論如何你自己都不能炸，惱火就好像是自己喝了毒藥，然後指望別人痛苦。多可笑？」

類似這樣吃到蒼蠅似的噁心事時常會發生，因為人的原廠設定本就存在bug。**不論你多麼獨立，內心還是渴望被人在乎、被人撫慰、被人懂得……**所以當有人來對你笑、對你噓寒問暖的時候，你自然而然地就會一步步淪陷。

於是，他一時的寂寞，成了你日夜盼望的依賴。你以為那些準時收到的早安和晚安，都是他的深情，其實只不過是他無聊時的消遣；你以為他從未缺席的節日邀約是癡心，其實你不過是他眾多邀約對象之一；你以為他是此生再難遇到的靈魂伴侶，其實你只是他低成本換來的備胎。

愛情裡的成熟，不是說你從今往後不再愛上什麼人，而是你擁有了分辨的能力，聽得出別人嘴裡說出來的「喜歡」和「愛」，是不是真的！

在這個社交媒體越來越發達的時代，網路大大降低了玩花招的成本，也大大提升了「撩人」的成功率。只是玩花招的人要明白：每個人都是世間獨有的料理，你用敷衍的方法，就別怪最後只嚐到敷衍的味道。

面對感情，最好的開始是，「我們各自都把自己照顧好，好到遺憾無法打擾」。

畢竟，在成人的世界裡，人與人之間本就是彼此揣測著，掂量著；本就分不清魑魅魍魎，是否善類；本就是避之不及，措手不及……如此來說，能有三五個知己、三兩個至交、一個真心人，真的要知足。

有緣自會坦誠相見，無緣何必口是心非？

03

好幾年沒聯繫的 Andy 突然加我好友，讓我幫他編個淒慘故事，唯一的要求是「越慘越好」。

Andy 是我大學時的「搖滾巨星」，除了參加學校裡面的各種文藝表演，他還有自己的樂團，畢業之前還在學校裡舉辦了個人演唱會，場面很精彩。這一次，他要參加一個選秀節目，除了歌曲要求原創之外，還需要「有故事」。

我問他：「那你先給我一些基本資料吧。」

他磨蹭了半天擠出了這樣一段話：「我沒有故事啊！我的人生很順遂，沒墮落過，也沒太出色過。出生在小康家庭，不醜也不帥，沒受過什麼太大挫折，也沒做過太驚天動地的事情。我一點傳奇色彩都沒有！」

我說：「你上臺就說這段話啊，世上哪來那麼多苦難，哪來那麼多逆襲，都是耍心機罷了。你真誠一些，說不定更打動人心。」

後來我才知道，他沒聽我的勸，而是編了一個「父母雙亡、做了幾年流浪歌手」的爛俗故事。

我倒也理解他，畢竟很多觀眾都更喜歡聽這種類型的故事，灑下點眼淚，獻出點掌聲；導演也願意樹立這樣「因為淒慘人生而勵志逆襲」的典範，就像是在說，只有經歷這樣坎坷的人才配得起「搖滾」二字。

可惜的是，他後來也沒有太多的起色，大概是「慘」賣得過了，而音樂的修為跟不上。這畢竟還是音樂比賽，不是說故事大會。

真要比慘，誰都能抖幾籮筐的慘事來，誰都能演幾齣《竇娥冤》的戲碼來。只不過，有人選擇了矇混過關，將耍心機當作捷徑去走；還有人選擇了咬牙堅持，將耍心機走成了出路。

認清社會的城府卻不癡迷於算計，一定比偷懶耍小聰明好；識破生活的小伎倆卻不對其失望，一定比自甘墮落強。

有錢人告訴你「錢不是萬能的」，長得好看的人總喜歡說「長得好看有什麼用」，瘦子們總是說「胖一點好，更健康」，成功的人經常說「努力並不是決定性因素」……

信用卡廣告告訴你怎樣去過買買買的人生，卻鮮少有人會提醒你「信用卡刷爆了該怎麼辦」！

功成名就的大人物提醒你人脈何其重要，但鮮少有人告訴你「欠了人情拿什麼還」！

旅行社慫恿你「來一場說走就走的旅行」，可沒有人示意你「說走就走之後的吃土生活該怎麼過」！

他們只是隨口說說、隨便秀秀、隨意逗逗的招式，你卻都認真地信了。

於是，你在一無所有的年紀將「談錢」視為庸俗至極的事情，將賺錢當作可有可無的事情；你在本該處於容貌巔峰的年紀，活成了一個只會玩手機的胖子；你在本該奮鬥的年紀，選擇了投機取巧，盼著「少勞多得」，甚至不勞而獲……

我們得承認，這確實是一個充滿算計的世界。

鄰居阿姨在炫耀完她家孩子的榮譽證書之後，會滿臉真誠地對你媽媽說，「你家孩子很有靈氣很聰明，就是不好好讀書」。

叼著菸的老闆在說完年終總結之後，會語重心長地對你說，「你還年輕，不要太在意錢的問題，年輕人多吃點苦，我們公司機會多的是」。

只會打遊戲的男朋友在去上洗手間的空隙認真地對你說，「親愛的，以後我會娶你，我們會有家和自己的孩子」。

剛剛挖苦完你的同事某某會一本正經地跟你說，「我說話直，你不要介意」……

世界有它的招式，這是普遍現象，但你要有自己的打法。比如**看透人情卻不世故**，

褪去稚嫩仍舊單純，遭遇冷漠還能依舊熱情。

記住，在這個智商嚴重過剩的年代，用心才是唯一的技巧！

我還想強調一句，算計本身沒有問題，缺乏誠意才是問題。很多算計都是功利社會的遊戲規則，是維持社交正常運轉的基礎，無非是表面工夫做得很到位，比如做事周到，辦事體面，它其實是包含有「禮貌」、「尊重」以及「強調人情」等多重含義的。

換個問題，你難道不喜歡那些算計做得很足，同時事情又做得很到位的人嗎？

在這個智商嚴重過剩的年代，
用心才是唯一的技巧！

惱火就好像是自己喝了毒藥，
然後指望別人痛苦。多可笑？

無數人都在重複著這樣的「悲劇」：
你花了一輩子的時間，等著父母為他們的過去向你道歉；
而父母則花了一輩子的時間，等你說一句「謝謝」。
結果是，你和父母，都沒有得償所願。

THEME 25

你是在談戀愛，還是在發神經

01

趁著週末，我打算去電子商場買一顆單眼鏡頭。在店裡閒逛的時候，聽到一個女孩向店老闆吐槽自己的男朋友糟糕到極點的攝影技術。

她說：「別人用單眼，他也用單眼，可他拍出來的還不如手機拍的。我想要街拍的感覺，他可以把路人甲乙丙丁都拍得很全，就我是半個身子出鏡；我想要小清新風格，他就把野花野草都拍成了實的，就我是虛的。唯一一張清晰的吧，他拍出來卻像大嬸……歪歪斜斜的一點構圖技術都沒有，更別提什麼打光啊、白平衡了！」

每說一句，她就生氣地跺一下腳，激動得就像是竇娥遇見了包拯。

老闆安慰她：「大概是新手，不會拍很正常！」她說：「新手就不要吹牛說自己是攝影達人啊！原本期待已久的兩人旅行，這下全被他給毀了。」

老闆平靜地對那女孩說：「不是每個人的男朋友都必須是攝影師，就像不是每個人的女朋友都是模特兒。孩子，他愛你就知足吧！」

女孩繼續著她的絮叨：「他以前是愛我，現在我很難感受到了。以前出門，他總會想方設法地逗我開心，找美食、找好玩的去處、說開心的小故事……現在只是敷衍我，不是在玩手機，就是沉默。還有加班的時候總不回我訊息，以前每次都是秒回……」

沒等她說完，老闆就說「有顧客」，便走開了。

我真想多管閒事地插句嘴：不是他越愛越少，而是你在愛裡越要越多。

情感專家提醒我們，愛情是荷爾蒙的產物；生物學家進一步解釋說，這種分泌物是有期限的，最長不過是十八個月。

那麼有誰告訴過你，當荷爾蒙用完了，當激情褪去之後，愛情是什麼？

悲觀的答案是：是怨聲載道，是互相抬槓，是撕去了所有面紗、光環、裝飾後，看到的另一個赤裸裸的軀體；是撇除情感、學識、教養之後，看到的另一隻穿衣服的猴子。

而積極的答案是：**是兩個互相遷就的靈魂，在同一個時空裡交換見識、分享觀點，是兩個獨立精神的換位思考與推己及人，是兩種不同人格的自我克制與遷就**。

要我說的話，愛情是上天的某種恩惠——你應該感謝在這個自顧不暇的年代，尚有幸同行！

那麼你呢？陪著你的時候，你總是擺出一副「你快點來討好我」的姿態，誰願意愛你到老？跟你聊天的時候，就像是在做「閱讀理解」，誰樂意陪你聊下去？問你想要什麼？你氣鼓鼓地覺得別人不真誠，要不就是賭氣給出兩個字「隨便」。問你喜歡什麼？你扭扭捏捏，半天擠出來兩個字「你猜」。

這些問題的難度無異於，你在心裡放了一千多隻羊，然後讓他找到你心儀的那一隻。別人既要照顧你的飲食起居，又要在乎你的喜怒哀樂，同時還得摸索出來你愛吃哪個菜系、喜歡什麼風格的禮物、想要去哪個地方兜風……

比這些更可怕的是，你自己都不知道自己喜歡什麼、想要什麼。就像你不知道自己心裡的那一千隻羊，哪隻是自己中意的一樣。於是，你今天說喜歡有角的羊，明天說喜歡毛很長的羊，後天說喜歡跑得快的羊，大後天說喜歡長得肥的羊。最終你的答案是：我喜歡那隻有角、毛長、跑得快、長得肥的……在你的眼裡，戀人永遠都有問題，不是這裡，就是那裡，反正永遠不會是你想要的樣子。

美國小說家詹迪．尼爾森曾說：「遇見靈魂伴侶的感覺，就好像走進一座你曾經住過的房子裡——你認識那些家具，認識牆上的畫、架上的書、抽屜裡的東西。如果在這個房子裡你陷入黑暗，你也仍然能夠自如地四處行走。」

可如果遇到的是「假靈魂伴侶」，那就刺激了。那情形就像是：你被綁住了雙手，矇上了眼睛，然後推進種滿巨型仙人掌的迷宮裡！周圍的廣播在不斷地提醒你：只要你足夠勇敢、足夠有耐心，你一定能找到出口的。

末了，它補上一句關心的話：「親愛的，祝你好運。」偏偏最重要的那句「後果自負」，它隻字不提。

02

一個腦袋簡單的女孩，在讀完唐吉訶德的故事後，就跟她男朋友說：「我要一匹白馬，還有長劍，我要去闖蕩天涯。」

她男朋友回答說：「好呀，去吧去吧，我會盡快幫你準備一匹漂亮的白馬，一套好看的騎行套裝，然後還會在你的背包裡裝滿零用錢，另外再準備一大包的巧克力和堅果，遊戲機、照相機、登山鞋全都裝進行李箱裡，哦，還有，再訂製一把長劍，讓你背著。來來來，伸一下手臂，我看多長的劍比較適合你……」

還沒等男朋友說完，這女孩就搶著說：「你……你……真的覺得我會去嗎？」

男生溫柔地說：「你異想天開的時候那麼可愛，我怎麼捨得打擊呢？」

你看，不在別人最高興的時候讓人覺得「解」，是一種美德。

在興奮的時候，人就容易說出一些不著邊際的話，善意的順從並不是欺騙，而是保護。因為這種基於情懷說出來的「胡話」，更像是一朵脆弱又美麗的小花。它是一個人在平凡生活中的英雄夢想，它是一個人在庸俗世界裡的快樂源泉。

可惜的是，在我們周圍總會生活著一群以「讓別人解」為己任的物種。

比如，你換了一款自己喜歡的化妝品，他就說顏色不好看，品牌知名度低，可能會傷皮膚；你鼓足勇氣穿上了從來都不敢穿的絲襪，在得到眾人表揚的時候，他來一句，「哇，你腿好粗」。

你花了一筆不菲的價格燙了新髮型，換了件新品牌的大衣，他說這個不適合你，那個不好看，說顏色不配你，領子襯托不出你的氣質；你買了一輛新車，他就開始列舉駕車的危險，他身邊誰誰誰開車出事了……

對於這種很解的人，最好的招數，是當他心直口快。其實也不是當，而是相信他就是心直口快。

那麼你呢，你有沒有當個「話題終結者」呢？

比如，他半夜裡想到什麼某個好點子，想找你說，你可能不耐煩地回了一句：都幾點了？有什麼事不能明天再說嗎？

比如，他在公司裡策劃了一個令他得意的活動，滿心歡喜地回家跟你說後，你只是回了一句：嗯，不錯。晚上我們去哪裡吃飯？

比如，他選了一件自認為很好看的外套，拍完照片發給你看，你回了一句：還可以，下午六點的電影，別遲到了。

比如，他被某個價值觀不合的同事氣得夠嗆，就回家向你傾訴，你回了一句：是有多嚴重！

我的建議是，有人願意和你分享時，請注意傾聽。不要急著表現自己的聰明能幹，也不要急著去下自認為英明的結論。絕大多數的傾訴，需要的是共鳴，而非人間至理。

所謂「合適的人」，就是遇到一個聊得來的人。

「聊得來」就像是邱比特的箭，一個眉眼帶笑，就能讓兩個曾陌生的人愛得死去活來；聊得來是情感的潤滑劑，任它時光匆匆，前路坎坷，你們依然是羨煞旁人的靈魂伴侶。愛情很弱智，你要學會幫襯，就像抵抗冷空氣，不能只靠頭髮和眉毛。

03

不被人理解，或者理解不了別人的時候，先要把心打開，把話聊開。而不是帶著怨念說：「嗯，找事的總是我，沒辦法的總是你」，或者帶著情緒吼道：「我錯了行了吧」、「對對對」、「行行行」、「好好好」……

在現實生活中，「我都道歉了，你還要怎樣？」、「那就當我錯了，行了吧？」、「真是對不起你了啊，呵呵！」類似這樣的話更像是在宣戰。

你要麼就別道歉，要道歉就最好是真心的。別覺得自己好像道個歉有多了不起似的。再說了，並不是所有的事情都能透過道歉就立刻解決。誰的身上都不會有情緒開關，一按下去就馬上煙消雲散。

我多年的研究結果表明：「對不起行了吧」是「對不起」的反義詞；「行行行」等於是說「不行」；「好好好」等於是說「不好」；「對對對」等於是說「不對」……很多誤會的產生和加深，就是因為一個沒說明白，一個沒聽明白，兩個人就急著表露態度。

你想要表達的可能是一間房子那麼多，可是你能用語言組織的只有一張桌子那麼多，然後說出口的只有一個抽屜那麼多，別人聽得懂的很可能只有抽屜的把手那麼少了。然而對方所回饋的，卻是房門之外的大千世界。

這樣的聊天就像是在做「看圖作文」題，不出偏差才怪呢！

如果有人誤會了你，那是他的錯，但你不要拉下你的驢臉，又或者用帶有明顯情緒化的詞語來和他「交流」，以表達你的強烈不滿，這樣做只會讓問題越來越糟。

你要是真想解決問題，就請用平和或調侃的態度讓對方明白「這只是個誤會」，結果很可能是，他會加倍地懺悔並改正。簡而言之，他是錯了，但你不能因為他錯了，而再用「另一種錯誤」來反擊他，這樣只會讓彼此錯上加錯。

你不能滿嘴說愛，卻面露猙獰。

經常聽到有人說：「一輩子很長，要和有趣的人在一起。」我特別想問一句：有趣的人為什麼願意和你在一起？

難道就因為你呆、你木訥、你無聊，所以他們就得將自己的美好生活分你一半？難道就因為你想得美，所以他們就得將自己的那個熱氣騰騰的世界割一部分給你？

我的建議是，在認識有趣的人之前，先讓自己變得有趣、豐盛、溫和一些。

切記，你遇不著美好的事、找不到有趣的人，真的不是老天作對，或者別人瞎了眼，恰恰是因為你還不夠好，所以他們都在躲你！

有人願意和你分享時，請注意傾聽。
不要急著表現自己的聰明能幹，
也不要急著去下自認為英明的結論。
絕大多數的傾訴，需要的是共鳴，而非人間至理。

愛情很弱智，你要學會幫襯，
就像抵抗冷空氣，不能只靠頭髮和眉毛。

高寶書版集團
gobooks.com.tw

高寶文學 092
就算是好人，也需要打烊
作　　者　老楊的貓頭鷹
副 主 編　林子鈺
責任編輯　藍匀廷
封面設計　Dinner illustration
內頁設計　Dinner illustration
內頁排版　賴姵均
企　　劃　陳玟璇
版　　權　張莎凌

發 行 人　朱凱蕾
出　　版　英屬維京群島商高寶國際有限公司臺灣分公司
　　　　　Global Group Holdings, Ltd.
地　　址　臺北市內湖區洲子街 88 號 3 樓
網　　址　gobooks.com.tw
電　　話　(02) 27992788
電　　郵　readers@gobooks.com.tw（讀者服務部）
傳　　真　出版部 (02) 27990909　行銷部 (02) 27993088
郵政劃撥　19394552
戶　　名　英屬維京群島商高寶國際有限公司臺灣分公司
發　　行　英屬維京群島商高寶國際有限公司臺灣分公司
法律顧問　永然聯合法律事務所
初版日期　2025 年 03 月

原改版書名：迷人的混蛋贏得尊重，窩囊的好人忙求認同
原書名：好看的皮囊千篇一律，有趣的靈魂萬裏挑一

國家圖書館出版品預行編目 (CIP) 資料

就算是好人,也需要打烊 / 老楊的貓頭鷹著. -- 初版. -- 臺北市：英屬維京群島商高寶國際有限公司臺灣分公司, 2025.03
面；　公分. --（高寶文學；092）

ISBN 978-626-402-193-7(平裝)

1.CST: 自我實現　2.CST: 成功法

177.2　　114001519